BMT 新媒体运营学院 NEW MEDIA OPERATION ACADEMY

新媒体运营学院指定教材

带你认识不一样的 新媒体运营

张文强◎主编

石油工業出版社

图书在版编目（CIP）数据

带你认识不一样的新媒体运营 / 张文强主编 . —北京：石油工业出版社，2018.6

ISBN 978–7–5183–0451–6

Ⅰ . ①带… Ⅱ . ①张… Ⅲ . ①传播媒介 – 运营管理
Ⅳ . ① G206.2

中国版本图书馆 CIP 数据核字（2018）第 059257 号

带你认识不一样的新媒体运营
张文强　主编

出版发行：石油工业出版社
（北京安定门外安华里 2 区 1 号楼　100011）
网　址：www.petropub.com
编辑部：（010）64523616　64252031
营销部：（010）64523603　64523604
经　　销：全国新华书店
印　　刷：北京晨旭印刷厂

2018 年 6 月第 1 版 2018 年 6 月第 1 次印刷
710 × 1000 毫米　开本：1/16　印张：13
字数：200 千字

定价：36.00 元
（如发现印装质量问题，我社图书营销中心负责调换）

前言 / Preface

2015年，“互联网+”被写入政府工作报告，正式列入国家战略，进入顶层设计。这意味着“互联网+”时代正在崛起，新媒体显示出了巨大的生命力，成为商业营销的新宠儿。

2017年马云在乌镇中国互联网大会上指出：“未来30年，互联网将不再是互联网公司的互联网，互联网是所有人的互联网。如果说过去20年互联网从无到有，那么未来30年，互联网将‘从有到无’，这个‘无’是无处不在的‘无’，没有人能够离开网络而存在。”

这是互联网发展的大趋势，在这个大趋势下，我国新媒体行业蓬勃发展，新媒体更是演化出各种表达，无处不在！微博微信不必多说，新兴科技媒体如36氪、虎嗅网、钛媒体、雷锋网等，新媒体机构如界面新闻、澎湃新闻、红星新闻、北京时间等，新闻客户端如今日头条、一点资讯、天天快报等，知识付费平台如知乎、简书、果壳（在行分答）、喜马拉雅FM、得到等，还有各种垂直社区、音频、短视频（秒拍、快手等）、直播(一直播、哔哩哔哩、熊猫等)先后崛起，各种新媒体工具平台纷纷上线，可谓是百花齐放。

但是，到底什么是新媒体？实际上，对于新媒体的定义一直没有定论，因为新媒体领域是一个非常广阔的世界，它没有具体的定式。新旧媒体实际上也是相对的概念，永远有新媒体，也永远有曾经的新媒体成为旧媒体。一如苹果重新定义了手机，亚马逊重新定义了书店，淘宝重新定义了商店，新媒体的出现重新定义了人们获取信息的方式，同时也重构了媒体组织内容生产的方式。

所以说，我们与其关注到底什么是新媒体，不如关注新媒体到底改变了什么，未来新媒体还会为我们带来哪些变化，如何在移动互联网时代玩转新媒体运营，让新媒体运营发挥最大的价值。只有顺应时代发展趋势，抓住新媒体发展方向，我们才能更好地应对这个新的时代。

那么，新媒体改变了什么？诸如新媒体草根化，它为普通人赋权，让平凡人变得不平凡（如搬砖小哥、故宫修表师傅王津等），新媒体改变了商业模式，新媒体让每个人都变成了媒体，新媒体赋予了每个人成名的机会……所以有人说这是一个人人皆媒体的时代，还有人称之为众媒时代，所有“人”（机构或个人）只要愿意，都有可能成为信息的生产者与传播者。

可以说，互联网、移动互联网的发展颠覆了人们的生活方式以及消费习惯，新媒体颠覆了旧媒体的传播方式和消费模式，消费模式的变迁要求企业以及个人积极寻找新的变现渠道，因此企业新媒体运营变得也将越来越重要，新媒体运营活动应运而生，并且成为一种职业。

大多数企业已经意识到新媒体运营的重要性，甚至很多企业已经运用新媒体创造了巨大的商机。毫无疑问，互联网行业已经进入下半场，下半场就是靠运营驱动的时代。那么，如何做好新媒体运营是我们每个媒体人必须思考的问题。

本书即从这个角度出发，总结来自新媒体领域的多位大咖对新媒体的认识以及他们的新媒体运营经验，为大家提出了一些新媒体运营的新观点、新理念，并辅以精彩的案例。

“一切皆产品，一切皆媒体。应该让媒体产品化，也应该让产品媒体化。”

“新闻和传播是一种后视镜文化。”

“新媒体的巨变，从精品文化到草根文化。”

“社会化媒体，赋予人们创造并传播内容的能力。”

“消费者的口碑传颂是最大的媒体。”

“互联网时代，互联网赋予我们最核心的就是命名权。”

……

希望这些观点、理念能够给大家带来一些启示。英国文学家狄更斯曾说：“这是最好的时代，也是最坏的时代。”今天，我们也生活在一个瞬息万变的世界之中，各种新媒体、新技术层出不穷，唯有不断学习、不断思考、不断创新，方可获得源源不断的生命力。

目录 / Contents

第一章　新媒体运营不简单…………………………………… 1

媒体，链接的是产品和用户 ……………………………… 3

新媒体的巨变，从精品文化到草根文化 ………………… 8

从商业的角度理解媒体，从媒体的角度利用商业 ……… 11

社会化媒体，赋予人们创造并传播内容的能力 ………… 14

社会化变革中的商业伦理 ………………………………… 19

新媒体运营需要有企业家精神 …………………………… 24

消费者的口碑传颂是最强大的媒体 ……………………… 27

品牌打造是自媒体的重要关注点 ………………………… 30

新媒体运营人成长四部曲 ………………………………… 34

精准定位才能赢得新媒体竞争 …………………………… 38

第二章　互联网思维，新媒体运营的基础思维 ………………… 43

新闻和传播是一种后视镜文化 …………………………… 45

景观社会要勇敢地使用理性 ……………………………… 48

“价值中立”何以可能 …………………………………… 51

移动互联网的发展锐不可当 ……………………………… 53

互联网赋予了人们很多的命名权 ………………………… 59

移动互联网让形塑和预见未来成为可能 ………………… 62

互联网属性规律知多少 …………………………………… 64

互联网时代的商业模式 …… 69
共享经济思维 …… 73
跨界思维 …… 78

第三章 用户思维，新媒体运营的核心思维 …… 83
新媒体运营之核心——用户思维 …… 85
以用户为中心最能嗅到钱的味道 …… 87
新商业生态与用户习惯 …… 90
敬畏用户，"互联网+"时代的核心思想 …… 93
以用户思维保证"用户黏性" …… 96
痛点、好处、感觉，用户思维的核心秘诀 …… 98
社交思维，让用户参与进来 …… 101
入口+时间，未来商业的基础 …… 104
想象力，强大"入口"的基本原则 …… 107

第四章 产品思维，新媒体运营的关键点 …… 109
媒体产品即内容，用产品思维生产内容 …… 111
用户为什么会卸载你的APP …… 114
媒体产品化，产品媒体化 …… 117
用产品创新应对大众审美疲劳 …… 121
让用户记住你的产品 …… 123
打造爆款产品，才能脱颖而出 …… 127
好产品用数据说话 …… 131

第五章 营销思维，新媒体运营的决胜点 …… 135
移动互联网时代，习惯推着营销变 …… 137
移动互联网时代，拥有名字、统一入口、整合营销 …… 141
用心找到最佳的营销广告点 …… 144

微信，品牌与消费者之间的连接器 …… 147
微信营销，精准锁定客户 …… 149
朋友圈广告，微信最有影响力的广告 …… 154
微信与 H5 的互动 …… 156
微博营销，互联网时代的焦点 …… 160
移动直播，重构内容与营销 …… 164
微课营销，小课程大妙用 …… 166

第六章 新媒体时代超级自品牌的塑造 …… 169
个人品牌背后的力量 …… 171
名人 OR 个人，自品牌的升级 …… 174
体系制胜，自品牌的架构模型 …… 177
定位，自品牌要谋定而后动 …… 179
战略管理，自品牌就是经营人 …… 183
势能传播，自品牌的塑造关键 …… 186
自品牌要如何维护 …… 190
自品牌就要这样做 …… 193

参考资料 …… 196

第一章 新媒体运营不简单

随着移动互联网的狂热发展，新媒体这个新兴行业也展现了它的魅力，如今人人都知道新媒体，但是到底怎么做，很多人还处于迷茫阶段。新媒体运营真的不简单？其实新媒体运营也很简单，需要我们正确理解它，认知它，接纳它。新媒体颠覆了传统媒体，是因为传播逻辑的质变。但是新媒体不会被颠覆，只会不断发展。

‖ 媒体，链接的是产品和用户

媒体到底是什么？其实媒体就是媒介中的那部分链接。任何人之间的链接都是一种媒介，比如你我之间的对话，你我之间眼神的互动，你和我的拥抱，这些都叫链接，也叫媒介。而在这种媒介之后的真正目的是什么？是我和你之间的互动，这是个人和个人之间的行为。

如果从商业行为来看，就是公司和客户之间的互动，用户和产品之间的互动。如何互动，采用哪种方式，就是中间的传接介质，即媒体。

但是，如果仅讲媒体又太小了，更深层地看，这是商业本质。这里，商业本质的核心有两个，一是以产品为核心，一是以客户为核心。这是两个极端，前者以华为为例，是以产品为核心的，后者以小米为例，是以客户为核心的。这两个极端融合到一起，就是中国最著名的太极图。如果企业能够把两个极端融合到一起，无疑是最优秀的企业。

作为新媒体运营者，我们首先要明白媒体的本质是产品和客户。当你进入一家公司，了解你所在公司的产品和使用产品的用户，并将这两者之间融为一体，你才能够成为一名合格的媒体人。我们要记住，媒体的本质是链接，它的核心是产品和用户。

现在，问题来了：在新媒体运营中，产品和用户是什么？产品其实有两类，一类就是我们熟悉的实体产品；另一类产品是虚拟产品，比如培训师的课程、培训师的思想等。

从这个角度来看，产品分为虚和实，用户可分为内和外。一家公司在公司内部要有企业文化，包括企业价值观、企业使命，即虚的产品，这些产品要传递给企业内部的员工。比如阿里巴巴的文化是“让天下没有难做的生意”，小米的文化是“专注、极致、口碑、快”。

那么，这些虚的产品先传递到哪儿？首先传递到企业内部员工。传递到企业内部员工，企业员工的凝聚力才会更强，凝聚力越强，这个媒介产生的作用就越大。这是第一层——虚到内。第二层是实到外，只有在这种情况下，作为实体产品，比如华为手机、OPPO 手机才传递到用户手中。虚、实和内、外，两者之间都用一种新的媒介有效地融合到一起。这就是媒体的本质，换句话说，媒体是沟通的桥梁，是销售的桥梁，是营销的桥梁，是链接点。

那么，链接的作用是什么？我们到底做什么呢？

新媒体运营有四大指标：

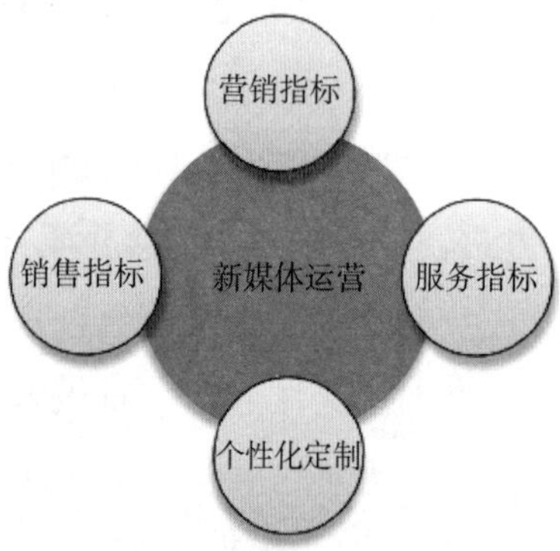

➢ **营销指标**

我影响了多少人，有多少人点赞了，有多少人翻开看了，有多少人转播了，这就是营销指标。

➢ 销售指标

通过微店直接购买产品就是销售指标。举个例子，到现在为止，海尔开通了 30 万家微店，销售额达到几亿元。所以，新媒体直接促单。

➢ 服务指标

过去企业设立客服中心，通过热线电话为用户服务。现在则是通过微信、微博直接传递信息，商家直接帮消费者修改信息。这就是服务。把客户的问题消除在发现后的前 4 个小时之内。一个典型案例就是海底捞火锅。

2017 年 8 月 25 日，海底捞被爆出后厨有老鼠出没，在社会上引起轩然大波。老鼠事件曝光之后，海底捞是如何处理的呢？他们就用到了热点营销的手段，把坏事变成了好事。

当天下午，海底捞就在“@海底捞火锅”官微上做出回应，确认媒体报道属实，并发布《关于海底捞火锅北京劲松店、北京太阳宫店事件的致歉信》。

海底捞表示，这暴露出了我们的管理出现了问题，愿意承担相应的经济责任和法律责任，但也有信心尽快杜绝这些问题的发生。

同时，海底捞不但关闭了问题店，还责令所有门店进行整改。

海底捞在 4 个小时之内回应了问题，并解决了问题，这就是新媒体的威力。把服务落实到位，让客户放心地踏实生活。

关于海底捞火锅北京劲松店、北京太阳宫店事件的致歉信

尊敬的顾客朋友：

您们好！

今天有媒体报道我公司北京劲松店、北京太阳宫店后厨出现老鼠、餐具清洗、使用及下水道疏通等存在卫生安全隐患等问题。经公司调查，认为媒体报道中披露的问题属实。卫生问题，是我们最关注的事情，每个月我公司也都会处理类似的食品卫生安全事件，该类事件的处理结果也会公告于众。无论如何，对于此类事件的发生，我们十分愧疚，在此向各位顾客朋友表示诚挚的歉意。

各位顾客及媒体朋友可以通过海底捞官方网站（www.haidilao.com）上的“关于我们-食品安全-公告信息”或海底捞微信公众号（ID：haidilaohotpot）“更多-关于我们-食品安全-管理公告”查询我们已往对于该类事件的处理结果。

这次海底捞出现老鼠，以及暴露出来的其他在卫生清洁方面的问题，都让我们感到非常难过和痛心，今天，媒体的朋友也为我们提供了照片，这让我们十分惭愧和自责，我们感谢媒体和顾客帮助我们发现了这些问题。

我们感谢媒体和公众对于海底捞火锅的监督并指出了我们工作上的漏洞，这暴露出了我们的管理出现了问题。我们愿意承担相应的经济责任和法律责任，但我们也有信心尽快杜绝这些问题的发生。我们也已经布置在海底捞所有门店进行整改，并会后续公开发出整改方案，也希望所有的媒体和支持海底捞的顾客监督我们的工作。

再次感谢社会各界对海底捞的关心与监督。

四川海底捞餐饮管理有限公司

2017年8月25日

延伸阅读

扫码阅读

海底捞官方微博详细报道

➢ 个性化定制

企业在给客户服务的过程中，不断提升服务，并找到客户的潜在需求，进而实现个性化定制。C2M 的转型升级就是个性化定制的直接体现。

C2M，Customer-to-Manufactory 的缩写，意即用户直连制造商，强调的是制造业与客户的衔接。

相信大家都很喜欢用手机照相摄像，手机的摄像功能也越来越强大。但是在摄像过程中，抖动不稳的情况仍未解决，影响摄像品质。这时候，我们就滋生出防抖需求。

深圳一家公司就抓住了这个市场需求，进行摄像机硬件支架设计及制造。与传统企业不同的是，这家公司并没有设计师，只有几位画图人员，产品需求来源于客户的电话、微博、微信，网上说法等。该公司对客户说："先生您好，把您的想法说出来，并给我画一张图，我就做一套硬件送给您。"

这就是典型的个性化定制，公司节省了研发经费，节省的费用用于给客户送产品。与客户签署授权协议，取得硬件的知识产权后，开始在网上销售。采用这种方式，该公司今年的产值达到 4 500 万元，计划明年突破 1.5 亿元。

思 考

C2M 模式究竟要怎么做?

扫码阅读
"BMT教育" 公众号回答问题

‖ 新媒体的巨变，从精品文化到草根文化

同人类的发展历史一样，随着社会飞速发展，媒体的发展也经历了不断的变化。总体来说，媒体的发展历史可分为三大阶段。

第一阶段		第二阶段		第三阶段
原始媒介	→	传统媒介	→	新媒体

➢ 第一阶段：原始媒介

原始媒介是以我们的眼耳鼻舌身意为代表的，即是以我们看见的、听到的、闻到的、尝到的、触到的、感觉到的这些“六觉”为代表的。有一句俗语是“剃头挑子一头热”，这句话源于过去的一些剃头师傅挑一担子，前边有剃头工具是凉的，后边有一个炉子是热的。他们在吆喝的过程中，在行走的过程中就会展现出原始媒介的“六觉”。

在电影《武松打虎》中，景阳冈的酒楼打出“三碗不过岗”的招牌，就因为这个招牌，武松进入酒楼喝醉后空手打死一只吊睛白额虎。这里的招牌就是原始媒介。

因此，以我们的视觉、听觉、嗅觉、味觉、触觉结合意觉，就是原始媒介的主要代表。原始媒介从始至终一直存在，过去有，现在有，未来也会有。原始媒介强调的是人性，也就是上面所说的“六觉”。

➢ 第二阶段：传统媒介

多年以后，进入传统媒介阶段。电台、电视台、报纸、刊物、书籍，都属于传统媒介。传统媒介将“六觉”有效地延伸了。

那么，为什么要把这些称之为传统媒介呢？传统媒介有什么特点呢？相较来说传统媒介有两大特点。一是单向传播，比如电视，过去是电视剧加广告，现在是广告加电视剧，是单向的。报纸、电台、书籍都属于单向传播。二是精品策略。无论是报纸还是书籍，在印刷上市之前都会经过一系列流程，包括编辑、美工、校对等，使书籍、报刊等愈加精致。这就是传统媒介的精品策略，谁做得越精，谁就更有竞争力。

➢ 第三阶段：新媒体

自 2000 年开始，互联网迅猛发展，社会进入互联网时代。PC 端、移动端显示出巨大优势。阿里巴巴（淘宝）、京东等一批电商崛起。随着互联网时代的来临，新的媒介也开始出现，比如微博、微信、直播平台（如音频类喜马拉雅 FM、蜻蜓 FM），这些都是基于互联网的传播手段。

这种传播手段有两大特点，一是草根文化，谁都能玩儿，谁都能玩得好，谁都有权利玩儿。搬砖小哥工地玩健身就属于草根文化兴起的典范。

2015 年，一条搬砖小哥在工地上做倒立俯卧撑的视频突然有了四五十万的点击量，后来还被推荐到了热门，很多人留言点赞、打赏。

“看了你的视频，去办了张健身卡”“666”“厉害了我的哥”“在我疲惫时，他是我的精神食粮……加油，为了自己想要的生活，为了不受制于人”……很多人在“搬砖小伟”的视频下留言。他成为了正能量、挑战自我的励志偶像。

后来，他的粉丝高达百万，月收入过万。

延伸阅读

扫描二维码
观赏视频

搬砖小哥的工作是在工地搬砖，以前搬砖一个月三五千元的工资，但是后来，虽然他还是每天搬砖，但是他在工作中加入了健身元素，通过视频直播，每天搬完砖后秀肌肉，这个积极向上的举动赢得了很多的赞扬，为此有人给他打赏。他一个月获得了一万多元的打赏，这就是新媒体下的一个新的盈利模式。

所以说，新媒体中的第一个特点就是由精品文化转变为草根文化。

思考

我国现在有网民 10 亿人，其中，能够进行网购的网民约 4 亿，试想一下，如果这 4 亿网民都是我们传播的对象，那么我们怎样有效地通过新媒体影响盈利呢？

新媒体传播的第二个特点是双向互动。还是以搬砖小哥为例，大家看了他的视频之后，就不断地给他点赞、发红包、打赏，搬砖小哥获得了更大的利益，他因此受到鼓舞，与粉丝之间有了互动，于是这一群人就变成了一个社群，这是一个虚拟化的组织。这种组织是不断向上的，他们在这个社群中不断交流，搬砖小哥就成为这个社群中的领袖人物。所谓互动，其实就是我们所说的新媒体运营。

注意媒体发展的三个阶段是并存发展的。原始媒介，是以人的感觉为核心的；传统媒介，将感触觉延伸为单向传播，以报纸、电台、电视台、刊物为代表；新媒体，则是以互联网为代表的双向互动，是以草根文化为代表的传播体系。所以说，新媒体的一个巨大变化特点就是从精品文化发展为草根文化。

从商业的角度理解媒体，从媒体的角度利用商业

在一个企业中，无论是做管理还是做运营，都应该有点商业思维。商业思维能解决什么问题？成本和现金流。只有把控好现金流才是一家优秀的企业。媒体运营也一样，媒体运营最核心的部分就是商业本质，我们可以通过对企业的换位思考和打量，从另外一个角度反观我们所做的新媒体运营才有价值。

一家企业从其内容生产，品牌宣发，直至后期品牌的持续性维护，无论

从哪一个环节切入进去，其本质就是达到营销和分享的目的，这样才有可能盈利，进而形成品牌影响力。

那么，这个点来自于哪里？

可以思考一下，媒体运营人员和企业应该是双赢的关系。当企业树立起品牌、形象，企业盈利而且利润越来越高的时候，品牌越来越得到消费者认可的时候，企业才会在运营上投资，利用新媒体进行品牌传播、策略制定等。从这个角度来说，媒体运营人员其实是和企业共同成长的。只有站在这样的角度，才能做好新媒体运营，才能使得我们对整个互联网的认识和认知有了最深刻、最本质的把握。

这也是我们一直在倡导的，要有新媒体的商业思维和对商业认识的本质，只有从商业的角度去理解媒体，从媒体的角度出发来利用商业的传播性和商业的打造，新媒体运营才有价值。

反之，我们也要从中发现新媒体的价值，正如熊猫传媒董事长、前新浪商务总监申晨指出的："大部分商机隐藏在信息不对称当中。"新媒体的商业价值主要体现在以下五个方面：

➢ 创造价值

即通过互联网创造新的价值。例如滴滴打车，首先滴滴打车软件的出现成功地将新媒体和传统的出租车行业联系到了一起，推动了出租车行业的快速发展。其实，利用滴滴打出租车，并不是"互联网+"，应叫作"互联网 -"，因为减掉了乘客下楼招手的过程。但是滴滴打专车就是"互联网+"，因为它用全新的模式，关联出之前从来没有关联到的个人闲置车辆，是一个新的模式。

➢ 用户价值

即为用户创造价值。我们很多人都知道 P2P 金融，它将用户的钱贷给用户。其实这家企业只是做了信息对称。你有钱，我没钱，通过 App 软件把我们两个连在一起，它提供的是一个平台。P2P 租房也是一样的道理，你家里的房子可以随时贡献出来，让别人来住，你来收费。

➢ **传递价值**

通过互联网消除距离的同时传递价值，例如 O2O 服务直接服务到你。未来微商和微店将会是一个巨大的市场。现在还有 C2B，如猪八戒网，就是大家把自己能力贡献出来，在网上供 B 端挑选。还有一些知识管理平台如知乎、得到等等都是通过分享自己的经验、知识，供大家学习。

➢ **建立联系**

通过互联网不断跟一部分人建立联系，比如蜜芽宝贝。这是个典型的社区，这个社区里都是妈妈，社区帮助妈妈们建立了联系。再就是社群，现在很多品牌都在建设社群，比如小牛电动车。这个全新产品的 7 850 万众筹额度，全部都是靠社群经济做的。最常见的社群还有微商。

➢ **聚集价值**

最典型的就是车联网，将网络与汽车结合，将软件与硬件结合，对于传统电台来说，这是大机遇。

延伸阅读

扫码阅读

《新媒体如何寻找商业价值》

文章来源：搜狐网

‖ 社会化媒体，赋予人们创造并传播内容的能力

社会化媒体（social media）是一种给予用户极大参与空间的新型在线媒体，它将以往媒体一对多的传播方式改变为多对多的“对话”。

事实上，在网络中，视觉说服有三个不断深化的层次，即再现（事实的表象）、实证（事实的本质）以及表意（事实的意义）。举例说明，在 2011 年的“7・23”甬温线特别重大铁路交通事故中，图像表层意义就是事故比较严重，本质意义是腐败渎职以及行政的执法不当，更多的隐含意义是利益冲突、情感冲突，以及对强势群体的不满和愤恨。

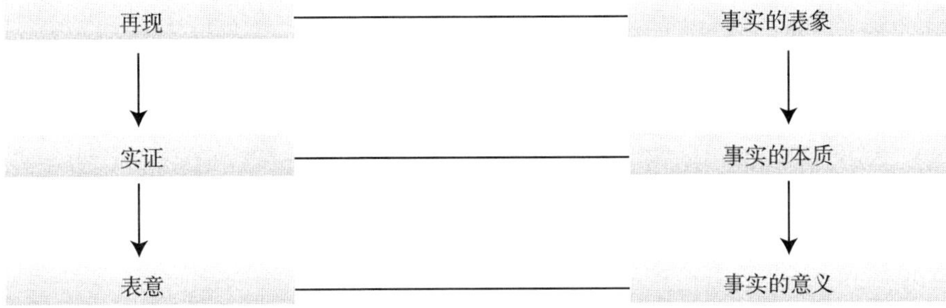

网络热门内容中的典型形象的主体框架

典型形象	重大事故现场	年轻富有青年“富二代”“官二代”	农村弱势群体（包括农民工）	命运坎坷的儿童和女性	夺人眼球的“奇观”者
代表现象	央视新址大火 上海楼脆脆 上海高楼大火 7·23温州动车事件	胡斌、李启铭（李刚之子）、郭美美、李天一（李双江之子）	张海超 孙中界 唐福珍 钱云会 宜黄强拆自焚	小伊伊 小悦悦 Kim（李阳之妻）	网络红人凤姐 小月月 苏紫紫 犀利哥
表层意义	事故的严重	对财富与权力的炫耀、滥用	事态的严重	事态的严重	行为的反常
本质意义	腐败 渎职（行政、执法不当）	仇富、仇官	城市化进程中的利益矛盾	弱势群体受伤害	窥视欲刺激下的网络狂欢
隐含意义	利益冲突 情感冲突（对强势群体的不满、愤怒）	情感冲突（对社会不平等的不满）	情感冲突 利益冲突（弱势群体的无力感）	情感冲突（同情、联觉）	情感冲突 （压力释放）

可见，在网络现象里，我们要学会从现象看到本质的三层含义，这就涉及碎片化在传播中的一个非常实用的理论——动机理论。它带给受众的是一种满足，受众因为消费了所以满足。

同理，媒介内容也体现为通过心理、社会特质来反映行为以及态度。受众的使用动机和内容很重要。在内容方面，互联网已经转向社会化网络，体现了从大众到分众以及到微众的发展局面。媒体的价值，包括其信息价值，区分了每一条信息与用户之间关系的价值，最终显现的是人的价值。

换句话说，社会化媒体，第一次让营销及所有的内容送达了消费者本人，开创了零距离接触平台，使得人和信息基本上合为一体。

例如 2001 年的“9・11”事件，当时所有的新闻报道基本上都是通过阅读图文实现的。到了后来的博客、论坛，传播核心进入了交互时代，交互的核心是人。而现在微博、微信、各种 App 的兴起，其核心是每一个人。

总之，随着新媒体技术的发展，社会化媒体的形式和特点也随之发生了变化。从整体内容来讲，社会化媒体从以内容为核心变为以人为核心，随时随地进行个性化的推荐和服务，获取以及推送，其最大的特点是赋予了每一个人创造并传播内容的能力。

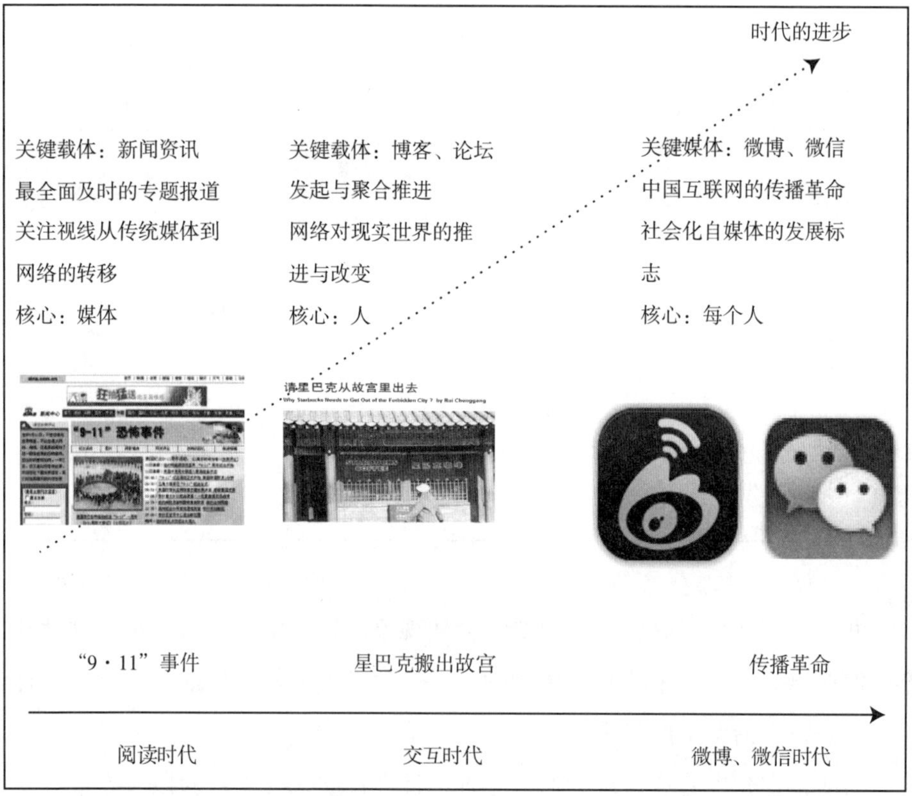

在社会化媒体出现之前，传统媒体掌握着内容制作的设备和工具，传播内容是根据他们自己的编辑方针制作的。但随着互联网的出现，人们可以越来越容易地创造自己的图片、文字、视频和音频等内容。每个人都可以将自己的所想、所看、所经历的事情，用自己特定的表达方式，通过微博、微信、论坛等社会化媒体传播开来。无论是博客还是播客，既是个人的私密空间，记录或者直播自己的所看、所想，又可以用于对外交流和传播。

从这点来看，社会化媒体改变了内容生产、传播方式，虚拟社会越来越影响实际社会。新媒体与传统媒体的整合，也使得所有的资源越来越完整，内容分发越来越完善。需要注意的是社会化媒体一直在不断地变化更新中，更多的业态有待进一步更新。

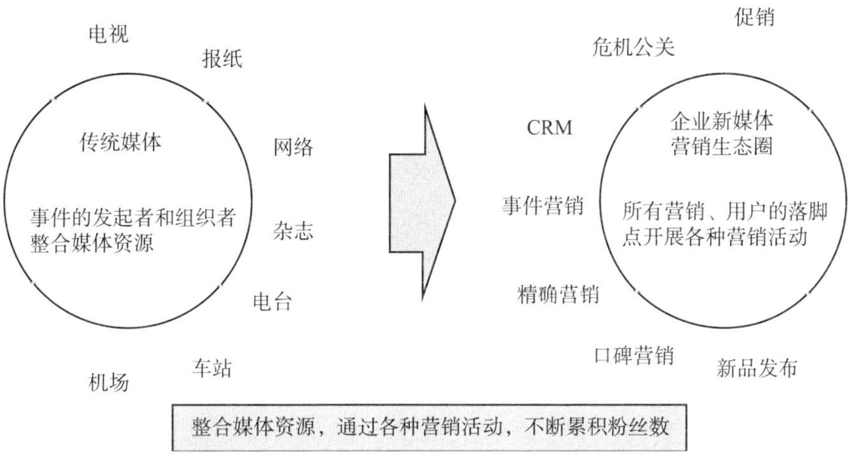

扩展知识

社会化媒体，这个新术语最先出现在一本叫作《什么是社会化媒体》的电子书里。作者安东尼·梅菲尔德是Sparmerworks内容和媒体部门的主管，也是社区方面的专家，在在线社区领域拥有10 年的丰富经验。他还是Chatrerded公共关系学会的成员，拥有十年以上从事媒体和公共关系的经验。

目前，最常见的社会化媒体有博客（基本博客和微博）、微信、维基、播客、论坛、社交网络和内容社区以及现在主流的导购电商、视频网站、社交工具等。

社会化媒体是一种给予用户极大参与空间的新型在线媒体，它具有以下特征：

- 参与性：社会化媒体模糊了媒体和受众之间的界限，可以激发感兴趣的人主动地贡献和反馈内容。
- 公开性：大部分的社会化媒体都允许人们免费参与其中，评论、反馈和分享各种信息。除了受保护的内容外，人们几乎可以参与和利用社会化媒体中的所有内容。
- 交流性：传统媒体以“广播”的形式，将内容单向传递给受众，是单向流动。而社会化媒体的优势在于，内容在媒体和用户之间是双向传播，这就形成了一种互动交流，具有双向对话的特质。
- 社区化：在社会化媒体中，人们可以很快地形成一个社区，并以摄影、育儿、社会热点事件或者电视剧等共同感兴趣的内容为话题，进行充分的交流。
- 连通性：大部分的社会化媒体都具有强大的连通性，通过链接，将多种媒体融合到一起。

思 考

社会化媒体对传统媒体的信息传播带来了哪些启示？

社会化变革中的商业伦理

商业变革带来了社会化变革的商业伦理，对于新媒体运营来说，培养商业伦理思维非常重要。

提到商业伦理，就不得不提一下马克斯·韦伯。马克斯·韦伯是德国宗教社会学教授，一直致力于研究宗教与经济社会发展的关系。他在其《新教伦理与资本主义精神》一书中阐述道：资本主义精神的产生与新教伦理是密不可分的。清教徒虽然称得上是世界上最热衷于积累财富的人，但其追求财富并非为一己之私利，而是为了“荣耀上帝”（for the glory of god），让自己死后进入天堂。这样的财富伦理使得清教徒在追求财富时的目标与手段不再是分裂的，而是一致的。一个清教徒绝不可能设想用撒谎和害人的方式获得财富，因为那样做非但不能荣耀上帝，反而是背叛了上帝，必然遭到上帝的惩罚。在这种信仰的基石上，西方的商业伦理得以形成。

马克斯·韦伯

《新教伦理与资本主义精神》

《经济与社会》

小 知 识

马克斯·韦伯（1864 — 1920）：德国著名社会学家、政治学家、经济学家和哲学家，是一位最具生命力和影响力的现代思想家。韦伯曾于海德堡大学求学，在柏林大学开始教职生涯，并陆续于维也纳大学、慕尼黑大学等大学任教。他对当时德国的政界影响极大，曾前往凡尔赛会议代表德国进行谈判，并且参与了魏玛共和国宪法的起草设计。他与泰勒和法约尔是同一时代的人，对西方古典管理理论的确立做出了杰出贡献，是公认的古典社会学理论和公共行政学最重要的创始人之一，被后世称为“组织理论之父”。

商业伦理是一门关于道德理论在商业运作中应用的学科，旨在为企业家的行为提供一个道德立场。商业伦理的发展分为如下几大学派：

➢ **美德伦理学**

美德伦理学的思想家代表人物是亚里士多德和阿奎那，他们关注的重点是动机。如何评价动机？是通过品性、德性、道德以及教育，最终的商业伦理是如何生活得更好、实现幸福、快乐以及成功。美德伦理学存在的问题是每种美德都对应两种缺陷：过度和不足。美德伦理学要求我们要以品性为第一要素，也就是我们所说的中庸之德，注意德与法的冲突。

➢ **经验主义伦理学**

经验主义伦理学是苏格兰不可知论哲学家、经济学家、历史学家大卫·休谟提出的，其核心理论是情感，同情共感。同情共感是最高的关注点和评价体系。大卫·休谟将情感分为两种，一种是建立在利己心之上，另一种是建立在同情心之上。经验主义伦理学存在的问题是永远不可能从“是什么情况”延伸出“应该怎么做”。经验主义伦理学要求同情弱者，有人道主义，注意情与法的冲突，情与礼的冲突。

➢ **义务伦理学**

义务伦理学是德国古典哲学的创始人康德提出的。他关注的重点是行为，就是说人必须按照绝对真理行事，行为方式应对所有理性存在而言是普遍的法则，绝对服从告诉我们如何行动，而不顾人们的偏好。康德认为谎言是绝对禁止的，不考虑个体的需求和欲望，这就要求我们只追求真理，只讲真话。用我们的古话来说就是“勿以恶小而为之”是绝对的标准。

据说有一个小偷跑到康德的家里，有人追这个小偷。追来的人问康德：“有没有一个人去了你家？”他说：“有，但是进了我家，你不能抓他。”按照康德理论，首先他承认事情是真实的，他的义务是告诉我们他绝对不撒谎，但他还要保护这个小偷，不让人抓。这个小故事就生动地诠释了康德的义务伦理学的特点。

➢ **功利主义**

功利主义的代表人物是边沁（Jeremy Bentham，英国法理学家、功利主义哲学家）和穆勒（John Stuart Mill，英国著名哲学家、心理学家）。功利主义关注的重点是结果。这里涉及一个扳道岔的经典故事：

一列电车正在飞驰而来，前方轨道不知为何绑着五个人。你唯一的选择是扳动眼前的道岔扳手，让列车驶上支线，但支线上也绑着一个同样无辜的人。危机迫在眉睫。如果你是扳道工，你要怎么做？是为了支线上的 1 个人牺牲 5 个人，还是为了 5 个人牺牲 1 个人？这就是边沁的功利主义所涉及的问题。

功利主义的伦理目的是道德性根据其产生的有益的影响程度来判断，原则总是根据结果来衡量。功利主义认为应以最大多数人的最大幸福为是非尺度，为避免更大的罪恶而处死一个无辜的人是合法的。它要求我们要站在社会大多数人的利益考虑问题，讲究现实的利益。

思 考

从功利主义角度出发，作为新媒体运营人，我们是否有权利为了很多人的利益而牺牲一个人或者一小群体的幸福？

➢ 直觉主义

直觉主义伦理学的主要代表人物是穆尔（G.E.Moore，英国伦理学家）。他认为善具有非自然的属性，是不可定义的。直觉指认某个对象是善的，它不能通过道德伦理来证明。直觉主义存在的问题是排除了我们生活中所面对的道德问题。直觉主义对我们的要求是无所谓对错，我们之所以这样写、这样去运营，是因为我赞同，道德判断完全是主观的东西，只是一种态度的表达。最近比较火的微信公众号咪蒙，其文章就是采用了这种表达方式。

咪蒙 微信公众号

➢ **虚无主义**

尼采提出的虚无主义是商业伦理的另一大学派。虚无主义从属道德观（白姓色彩）以及官方主导道德观（基督色彩）。尼采认为善就是提高生活质量，没有权威，没有文化的价值，没有继承的制度，思想的唯一目的就是解放。虚无主义伦理的问题就是上帝已经死了，没有道德事实的存在，罪恶本身不具有意义，善恶相比较而存在。虚无主义对我们的要求是一个事实可以解释为任何内容，每一种解读方式都被证明具有同等的合理性，为了不致迷惑，我们必须以一种确定的方式进行解读，但没有这一方式的规则，没人能决定迷惑的终结。

关于这个伦理学派，大家可以搜索乐视案例。乐视已经被解读为各种版本，以至于很多专业的财经记者都不知道乐视到底是一家怎样的公司了。

➢ **伦理学是荒谬的**

伦理学还有一个学派是维特根斯坦提出的“伦理学是荒谬的”。他关注的重点是价值存在于心灵世界之外，伦理学是人类心灵中意向性的东西。解释伦理学是没有意义的，因为它不指向世界上任何东西。它对我们的要求是“什么是善，是上帝的问题，我们只要敬畏，不要嘲弄它”。企图讨论绝对的善和绝对的价值只是源于人的欲望，伦理学不可能增加我们的知识，它不可能成为科学。

以上是商业伦理的几大学派。作为新媒体运营人，我们必须遵守媒体伦理素养，要学会自律，充分发挥新媒体自身的传播效力，积极建设微博、微信与客户端中的新媒体伦理传播平台，在新媒体中增强自我引导力量，逐步在全社会形成良好传播秩序。

新媒体运营需要有企业家精神

在新商业趋势下，媒体运营要做到财富与德行的平衡，要具有企业家精神。企业家精神也是马克斯·韦伯在宗教伦理、现代资本主义里提出的一个观点。

如今社会经济发展迅速，就是因为有了很多优秀的企业家和他们拥有的企业家精神。他们有担当，承担着各种社会责任和义务，使得整个社会经济发展较快。现在的互联网、移动互联网同样如此，很多企业家具有这种分担精神。

习近平总书记指出：“我们全面深化改革，就要激发市场蕴藏的活力。市场活力来自于人，特别是来自于企业家，来自于企业家精神。”那么，到底什么是企业家精神呢？

2017 年 9 月 25 日，《中共中央国务院关于营造企业家健康成长环境弘扬优秀企业家精神更好发挥企业家作用的意见》公布。作为我国首个聚焦企业家精神的文件，意见用三个“弘扬”勾勒了新时期优秀企业家精神的核心内涵：弘扬企业家爱国敬业遵纪守法艰苦奋斗的精神；弘扬企业家创新发展专注品质追求卓越的精神；弘扬企业家履行责任敢于担当服务社会的精神。

具体来说，企业家精神表现出如下几大特点：

➢ **创新性**

习近平总书记指出“创新是民族进步的灵魂，是一个国家兴旺发达的不竭动力，也是中华民族最深沉的民族禀赋”。新媒体时代加快了事物更新换代的速度，也意味着淘汰周期的缩短。按照德鲁克的看法，创新行动赋予资源一种新的能力，使它能够创造财富。事实上，创新本身创造了资源，而企业家在企业的中心地位使他们承担起了创新的责任。因此，新媒体时代亟须这种创新精神。

➢ **合作性**

习近平总书记指出，作为全球最大的新兴经济体，中国经济发展进入了新常态。在这种新常态下，竞争会激励企业家们重新审视自己，合作交流会迸发出新的灵感，共享资源会最大限度地发挥资源的利用价值。

➢ **承担风险性**

企业家精神的早期研究者法国经济学家理查德·坎蒂隆，认为企业家精神就是风险承担精神。企业在发展中会受到很多不确定因素的影响，这种不确定因素就成为风险。新媒体时代高风险性也蕴含着高回报性。企业家根据客观条件对风险进行评估，进而权衡风险的大小，做出理智的决策，因此对风险的权衡也是理性的企业家必备的素养。

➢ 承担社会责任

任何企业的发展都离不开社会提供的各方面的资源和信息。企业在发展时要保护环境、节约资源、诚信经营，在享受到社会提供的便利福祉后，企业家也要回馈社会和反哺社会，这也是每个企业家应该坚持的道德原则。

延伸阅读

《让优秀企业家精神更好弘扬——中央以专门文件聚焦企业家精神传递六大看点》

文章来源：新华网

在互联网时代，在新媒体运营方面，企业家精神里最突出的表现是企业家首先控制住了企业成本，提高了效率，其做的产品有频次，且用户有消费频次。例如“饿了么”外卖，我们一日三餐可能都有消费的需求，这是有消费频次。所有的产品都有一定的覆盖率，覆盖到用户。接着就是转换率，当产品覆盖率转化为核心用户的时候，这个产品才有价值。实现转换之后，用户购买，进行持续的消费，包括信息消费、支付交易消费等。此外，是产品整体渗透率，这是整个移动互联网时代，对企业家来讲带来的是最核心的变化。

用一句话来概括，在互联网时代，小到个人也是一个品牌。即从人到人名，到名人，到人物，到精英，到企业家，整个流程都有企业家精神贯穿其中，这是互联网时代，尤其是移动互联网时代最核心的一个要素。

新媒体运营也一样，企业家精神，应该贯穿于新媒体运营的始终，从对人物的访谈、人物的表达，到对人物素养的需求都是非常重要的。有一点需要注意的是，在移动互联网时代，可能所有过去的经验都不再适用，我们不能像过去那样依赖于过去的成功模式、成功经验，而是需要我们不断地重新学习和持续性学习。

消费者的口碑传颂是最强大的媒体

小米副总裁黎万强在其所著的《参与感：小米口碑营销内部手册》一书中，把小米品牌快速崛起的原因归功到社会化媒体下的口碑传播。基于人类传播信息的天性，以及人们对口碑的高度信赖，在如今这个竞争全球化、经济一体化的知识经济时代，口碑传播作为人类的“零号媒介”，更加显示了它神奇的传播力量，而且作用更加巨大。

用一句话总结就是最强大的媒体其实是消费者的口碑传颂。

这里表现最突出的当属微信营销。微信营销成功的关键因素就在于微信营销可以形成很好的口碑传播效果。由于微信圈主要是熟人圈，通过微信推送产品与服务往往会很快得到回应。客观上微信营销起到一对多、口口相传的效果，因而微信营销很好地解决了口碑传播的速度问题，可以为企业提供很好的营销传播广泛度，形成短期迅速扩大影响的爆发力。

按照 80/20 法则，在媒体运营过程中，广告只能带动 20% 的消费者，而那些领先消费群和产品的意见领袖，则感召着其他 80% 的消费者。那么，意见领袖是谁呢？是我们生活中所熟悉的人，包括我们的亲友、邻居、同事等。正因为他们是人们所了解和信赖的人，他们的意见和观点也就更有说服力。

与传统媒体相比，新媒体时代分享与口碑传播路径发生了巨大的变化。

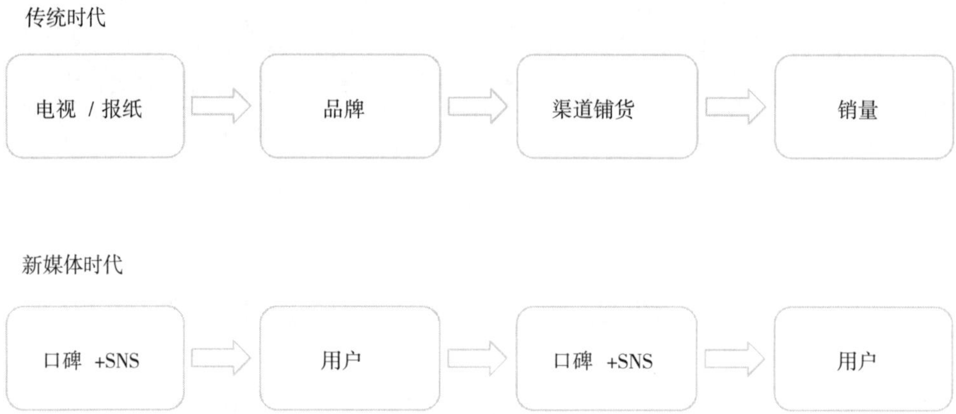

注：SNS，专指社交网络服务，包括社交软件和社交网站

既然，口碑传颂是最强大的媒体。那么，口碑是如何产生的呢？

➢ 口碑的产生：极致导致的超用户预期

小米科技创始人、董事长兼首席执行官雷军，指出小米成功口碑的核心。不单是好产品，或者又好又便宜的产品，有口碑的产品其实是超出了消费者的预期。小米公司在跟“米粉”交朋友，其口碑营销的核心有三点：第一，一定要从内心深处把产品做好；第二，要把用户当朋友；第三，要超出用户预期，你所做的事情一定要超预期，只有超预期才有口碑。

从这个角度来说，产品能不能够超越用户的预期很重要。例如，我们购买了一个商品，结果赠送了三个附加商品，赠送的商品比我们实际购买的商品价值更大，数目更多，那你会不会告诉你的伙伴朋友？答案不言而喻。因此，超过用户的预期，突破用户的预期是口碑传播的一种重要形式。

➢ **口碑的产生：出其不意，打破常规**

口碑的形成需要有“语不惊人死不休”的感觉，所谓“友如作画须求淡，山似论文不喜平”，有的时候需要刻意制作悬念落差，不落俗套，具有戏剧性或者幽默风趣，这样能够让人们记忆深刻，易于传播，如果过于平淡直白难以触动人心。

2017 年 11 月 18 日，在黄鹤楼酒新品 1952 全球发布会上，黄鹤楼酒 1952 以其别出心裁的创意设计惊艳了全场。原来，黄鹤楼酒新品 1952 的创意就在于直接把酒做成了烟盒礼品状，且统一按条卖，这些出其不意的设计吸引了众多消费者的青睐。

口碑是如何传播出去的呢？主要有如下两个方法：

➢ **给用户一个传播的理由：对用户有用**

这种形式其实很好理解，一个产品只有对用户有用，用户才会传播。比如一些关于育儿、身体健康的公众号，其每一个产品都是出于对用户有用。有人在朋友圈转发一篇《宝宝吞了硬币以后……是妈妈一定要知道》，后来他的朋友圈中那些已经为人母为人父的朋友们，都相继转发和分享。

➢ **给自己制造新奇新闻，传播口碑**

比如有一家旅游公司，看颜值招团员，不美不让进。还有一家专门针对“80”后的火锅店，整个餐厅装修成教室的模样。收银台变成了讲台，前面黑板上写着校规、测验题、课程安排（营业时间），餐桌就是课桌的模样，中间挖空了放电磁锅，餐具是小时候常用的搪瓷缸、搪瓷盘。凡是要在这个餐厅吃饭的人，老板必看身份证，不是“80”后的不建议进入。但是这个火锅店现在却异常火爆，一段时间几乎在朋友圈刷屏，这就是口碑的传播力量。

可见，面对庞大的用户群，新媒体运营人必须认识到口碑传播的力量，并学会利用口碑传颂。承认消费者拥有的发言权，才是明智之举。

‖ 品牌打造是自媒体的重要关注点

在自媒体中，每一个人都是自媒体的内容主体，每个人都可以有自己的声音、自己的想法、自己的见解，同时每个人都是自媒体的传播渠道。

那么，为什么说品牌打造是自媒体的一个重要关注点呢？实际上，运营自媒体有两个重要部分，一是有价值的内容，二是打造自己的品牌知名度。

品牌是人们对某公司、某商品或某种服务的口碑认识，代表着形象、专业水平。微信公众号官网上一句话说得不错：“再小的个体，也是自己的品牌。”品牌有利于实现商业价值，商业变现。自媒体也不例外。

品牌打造的有效方法是实现价值对等。例如你是一个草根圈的人，如果你想进入高富帅的圈子，首先你要能够接受这个圈子，而这个圈子也能够接受你，相当于对等。或者是通过价值匹配，让别人拉你进去。

什么是价值匹配？价值匹配是双向的。想让更高层次的圈子接受你，你首先必须在那个圈子里有品牌、有口碑，人家才愿意接受你，所以此时做自己的品牌尤为重要。

假设在你面前摆放着5个人的照片，有张玉良（绿地）、王健林（万达）、王石（万科）、许家印（恒大）、杨国强（碧桂园），这五位都是地产界赫赫有名的人物。请问，您是否能够快速分辨出照片中每个人都是谁？

接下来我们再看一组数据。这组数据是2016年这几大地产商的流量排行、流量金额、品牌排行、品牌价值。

姓名	企业	流量排行	流量金额	品牌排行	品牌价值
许家印	恒　大	1	3731.5	2	392.62
王　石	万　科	2	3622.0	3	382.53
杨国强	碧桂园	3	3090.3	11	181.15
张玉良	绿　地	4	2513.1	5	249.80
王健林	万　达	10	1100.2	6	238.68

从上表可以看出，流量排名恒大第一，但是大家都知道恒大，却很少有人知道许家印。王健林流量只排第十位，但大部分人却都认识王健林，这是为什么？碧桂园流量排名第三，但是就碧桂园来说，碧桂园的品牌价值与其他地产商相比却有很大的差距。这个差距在于什么？而万达流量排名第十，品牌却排名第六，远远高于碧桂园流量排行第三的企业。这就是品牌的价值。品牌会给一个人、一个企业带来巨大的无形资产。

思 考

王健林为什么会毫不犹豫地为董明珠投资5亿元？

扫码阅读

个人品牌其实代表的是个人信任的问题，所以在企业圈子里，当你有了自品牌，有了个人品牌，就相当于你拥有了很多社会资源、资金、资本和做事的能力。

在互联网以及移动互联网迅速发展的今天，品牌对于创业者和职场人来讲价值更大。例如，罗辑思维罗胖罗振宇、同道大叔、李叫兽李靖、河森堡袁硕都是知名的知识型网红。无疑，他们都打造了自己独一无二的品牌。所以，无论是企业家、创业者，还是职场人士，打造个人品牌或者自品牌，其实就是给自己增值，给自己加分，就是让自己怎么变得更值钱。

总体来看，品牌的价值实际上包括三个层面：对外价值、对内价值和商业价值。

对外价值	创造社会价值
对内价值	提高阶层价值
商业价值	获得附加价值

➢ **对外价值**

为什么所有企业家都想办法打造自品牌？这时候体现的是对外价值即创造社会价值，为社会做贡献。包括我们前面说到的企业家精神，有社会责任感。拥有超级品牌的企业及个人，应承担着为社会提供资源、思想、未来规划等责任，创造巨大的社会价值。

➢ **对内价值**

对内价值针对的是职场人士。如果你在某一个行业或者在某一个圈子里或者一个小的领域里，成功运营了一个自品牌后，你面对的是什么？是阶层的提升，你的上司和老板的认可，职位薪水的提升，以及同事的信服。

➢ **商业价值**

商业价值说白了就是获得附加价值。例如，当你有了自品牌，你可以走向市场，做培训师，做商演，这是最基本的附加价值，这时候你就有了一个自己的小圈子了。

有了附加价值就等于你拥有了广告变现能力或者商业变现能力，所以说自媒体运营，品牌打造是最重要的关注点。用一句话概括打造自媒体品牌其实就是干赚钱的事情，埋值钱的种子。因此，如果你是自媒体运营者，你在做赚钱的事情的同时，一定要想着做自品牌，给自己埋一颗能够让自己值钱、让自己升值的种子，然后等待开花结果。

延伸阅读

《江小白的品牌成功之道+如果那么》

扫码阅读

文章来源：微信号（管城春满）

新媒体运营人成长四部曲

作为新媒体人或新媒体运营人，在运营过程中，只有给自己设定 KPI（关键绩效指标），跟老板有效地沟通，达成共识，才能使运营工作有效开展，从而达到结果。当然，要想达到结果，有四部曲：

➢ 第一部曲：太极图

太极图是指商业本质，我们的用户和产品。

我们的用户需要我们了解他们的基本信息、需求点、需求背后的逻辑思维、满足需求等。

- 客户基本信息，包括姓名、年龄、职业、工作，需要用到哪些媒体等。
- 客户需求点，尤其要从工作角度挖掘客户的需求点，例如行业信息、最新的行业科技方向。如果需要，那么他需要的到底是什么？是现有产品的价值、上游产品的价值，还是客户对产品的理解和使用情况的反馈？
- 需求背后的逻辑是指需求痛点，挖掘出来痛点才能够更了解他。
- 满足客户需求。当我们想办法满足客户需求的时候，他就是我们的忠实粉丝了。

太极图的第二部分是产品。产品要遵循 FABI 原则，F 代表功能（Function），A 代表优势（Advantage），B 代表带来的利益（Benefit），I 代表案例（Instance）。

> 第二部曲：矩阵

媒体矩阵图

填写矩阵图，一是想达到的目的；二是选用哪些媒介；三是要如何操作；四是预估要取得的效果；五是基础的成本预算。

> 第三部曲：PDCA

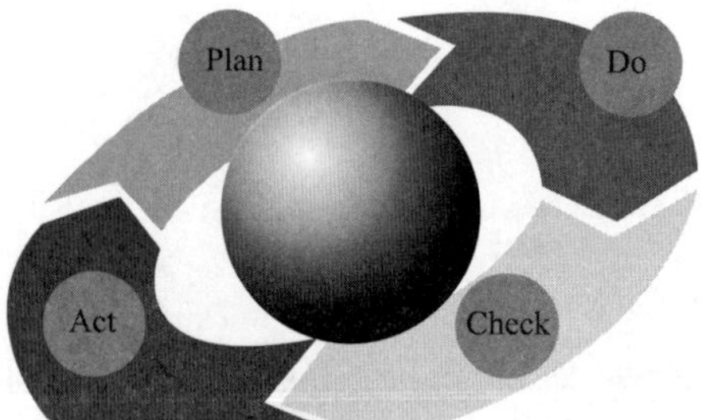

PDCA图

即 PDCA 循环，P 代表计划（Plan）；D 代表行动（Do）；C 代表检查（Check）；A 代表改进（Action）。有了 P 之后，就要做 DCA，D 是自己要做的事儿，C 要向老板汇报，A 也要向老板汇报，这就是 PDCA 原则。需要强调的是 P 是根据公司的太极图写矩阵，D 是自己在做，以周为单位，以月为单位，以季度为单位一步步进行。D 做完以后，C 要检查，进行自我检查，与老板一起检查，让老板检查。A 要写出改善方案，与老板沟通。这就是新媒体运营过程中的 PDCA。

➢ **第四部曲：杨氏三角**

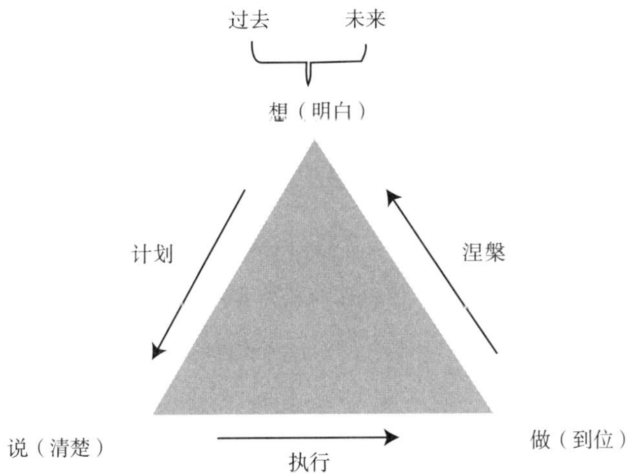

核心：

杨氏三角的核心是："不曾经历，不成经验，有了经历，未必成经验。"运用杨氏三角，主要表现在四个方面。

——这个季度你做了什么？列一列，与计划对一对，完成了多少？

——你取得了什么成绩？为什么？当你不断地让员工说，你取得什么成绩的时候，员工才有自信心，有了自信心，员工才会有发展。

——你有哪些不足？

——你的改进方法是什么？需要老板给你什么支持？

涅槃：

就像禅修打坐一样，可以每个季度抽出两到三天时间，回想总结这四句话：做了什么？取得的成绩是什么？不足是什么？改进的方法是什么？如果能将这四句话想明白，就是涅槃重生。真正的产品是把嘴闭上，把眼睛闭上，把耳朵闭上，向内观，和自己对话。看看自己这一个季度的变化和发展，你才能真正地有所成长。

把过去想明白，才有资格把控未来。如果你说不清楚自己未来要做什么，是因为你没想明白。只要不说出来，你的自信心，你的责任感就无法充分到位。你不仅要向同事说出来，而且要向老板说出来，向下属说出来，这叫三级管理。只有三级管理说到位，方可获得老板、同事以及下属认可，这叫统一思想。统一思想，说清楚之后，尽全力执行。这就是杨氏三角循环，从哪儿开始，从重生到想到说，再到做，不断地重复。

作为新媒体人，在运营过程中，必须做到这四件事：把公司的产品和用户了解清楚；把矩阵说清楚，向老板做汇报；执行；涅槃重生。

‖ 精准定位才能赢得新媒体竞争

2017 年 6 月 5 日，一位叫杰克·特劳特的老人在美国家中停止了呼吸，享年 82 岁，他就是享誉世界的“定位之父”。

1969 年，杰克·特劳特首次提出“定位”理论，意指“商业成功的关键，是在顾客心智中变得与众不同”。特劳特认为企业要想获得成功，必须得在消费者心中建立一个“标签”，并且将企业内部的所有资源围绕着此标签运营管理，创造出最佳的经营成果。

在新媒体运营过程中，做到精准定位才是成功的关键。定位精准，运营才会事半功倍。我们以中国首位职业购房导师，中国人居专家 50 人论坛创办人冯国亮先生的新媒体运营经历为例。

延伸阅读

冯国亮的博客

扫码阅读

文章来源：网络

最初在做购房投资的时候，冯国亮发现中国老百姓普遍面临着信息不对称、专业不对称等问题。老百姓在购房投资过程中，面临着诸多的困惑和问题，也就是我们常说的痛点问题，还有共性的需求。

于是，冯国亮结合老百姓的购房需求，为自己制定了清晰的定位。一是择居改变人生，二是置业倍增财富，共享美好生活。他们通过专业解读给用户提供政策和市场的信息，同时也提供了很多专业分析。从这个阶段来讲，冯国亮及其团队通过明确的定位，领先了一步，开创了一个新的品类。

进入第二阶段后，他们调整了定位，在内容的广度上进行扩张，从原来的讲购房（“国亮讲购房”）的基础上，又增加了“国亮说人居”栏目，开通了与购房有关的“国亮鉴房”，在央视开播“国亮名人坊”，后来转成了自媒体节目。冯国亮定位为更高需求的人群服务，他们与新浪、乐居、房天下、搜狐有了区分。新浪等是为普通的刚需民众服务，人群数量大，而冯国亮及其团队则定位为置业投资者和财富精英阶层的楼市与人居导报。所以他们的定位层面更高。在深度上，他们的内容更专业，不仅给用户提供信息和内容，同时提供优化的解决方案。

在《定位》一书中，强调了人们的心智资源是有限的，在这种情况下，人们记得住的往往是第一的或者是对自己最有价值的。所以在这个阶段冯国亮及团队通过广度、高度和深度三个层面使自己变得更加立体，也更加具有价值，最终赢得了新媒体竞争。

2015 年左右，他们在发挥优势的同时，在细分人群方面也与其他的媒体区分开。未来的三到五年，新媒体泛化的趋势会越发明显，冯国亮认为将完全变成一种红海竞争的状态。那么，如何应对呢？

首先，回归初心。他们的初心是希望能够给全国老百姓普及购房投资知识，提高全民的人居文化素养。其他媒体仅是提供信息和一些内容，而冯国亮提供的是知识。他们通过自媒体 + 社群的模式进行运营，并逐步开始向着学习圈和人居家园的方向发展，他们同步要做的就是打造一个学习型组织。

其次，考虑到未来新媒体竞争会很激烈，任何媒体必须要升维，提高层次，与其他新媒体与众不同。另外还要打造一套平台系统，从原来简单的以个人为主的 IP 形成一个圈层的力量，大家一起创造内容，分发内容，让更多的人受益，当然这些人这些内容必须是在冯国亮的专业内容的引领之下进行。这里能够提供有价值的知识体系，有一群协作进取、有梦想的人，还有适合投资方投资的梦想。从这个定位来看，此时，他们就是一个新物种，具备竞争力。

最后，我们再来总结一下。第一阶段领先一步，冯国亮讲购房开创了新的品类，这个阶段可以说是人无我有；第二阶段，在面临竞争的情况下，发挥细分人群优势，这是人有我优；到了第三阶段，在未来的竞争会更激烈的情况下，升为营造平台系统，这是人优我变。从开始到现在，冯国亮及其团队新媒体运营的定位始终与其他绝大部分的媒体有所不同，一方面他们的方向和目标是让一亿人科学择居置业，坚持为老百姓服务；另一方面，他们通过打造组织第二家园，让更多的人加入进来，参加学习，共同分享信息、创作内容，满足多元化需求，而这恰恰就是新媒体未来的发展趋势。由此可见，只有精准定位才能赢得新媒体竞争。

思 考

请根据您的实际情况，重新审视您的新媒体运营定位。

第二章 互联网思维，新媒体运营的基础思维

有数据统计，每天我们摸手机约 150 次，与手机的距离一般小于 1.5 米，打开微信 38 次，微博移动端被多次访问。这些意味着什么？这意味着移动化趋势已经锐不可当。用互联网思维打造一个全新的融合新媒体已经是大势所趋。运用互联网思维，发挥新媒体优势是我们必须要考虑的问题。

‖ 新闻和传播是一种后视镜文化

了解新媒体运营，首先要理解到底什么是新闻？什么是传播？新闻和传播是不同的。新闻是指最近发生的客观事实的新闻报道，具有“5W”要素，即何时（when）、何地（where）、何事（what）、何因（why）、何人（who）。这是新闻中不可缺少的五个方面，是对新闻报道的基本要求。这是传统意义上的新闻，而在移动互联网环境下，新闻包含了更高的层次水平。新闻是一种权利、一种意识、一种资本、一种更大的新闻要素，而不仅仅局限于新闻的客观描述。

互联网时代下，传播也发生了巨大变化。传播模式不只是点对点，还有N到N，甚至以N加1的爆炸率进行传播，尤其微信、微博，包括物联网等这些传播渠道的出现，使得传播成为只要有流量有人的地方，就有传播效应。

提到新闻和传播。我们首先了解几个相关理论及人物。加拿大著名传播学家、媒介环境学的开山祖师麦克卢汉曾提出“我们透过后视镜看现在，我们倒退走步入未来”。

扩展阅读

马歇尔·麦克卢汉（1911—1980）被誉为信息社会、电子世界的“圣人”“先驱”和“先知”。他是20世纪名副其实的传播学大师，是最富有原创性的传播学理论家。我们现在常把“地球村”这个说法挂在嘴边，但未必知晓出处，“始作俑者”就是麦克卢汉。他关于“地球村”“重新部落化”“意识延伸”的论述，无人能出其右。他对电子时代和赛博空间的一个个预言变成了现实。

通过“后视镜”，我们可以看到，当一种新媒介出现时，它对社会产生的革命性影响往往被人忽视。例如，20世纪初，收音机诞生时，被称为无线电，因为它是通过无线电波传输的。实际上，收音机的出现，不仅产生了同步的大规模受众，而且促进了离散社会以及消费文化的形成。而“无线电”这个名称仅仅反映了它所接收的信号的传输特征，怎能反映它的这些深层内涵呢？再如电话最初叫“会说话的电报”，VCD被称作“小电影”……从媒介演化中，不难看出，在历史走向未来的过程中，我们的思维方式是一种倒退着步入未来的思维方式，是超越现在的思维方式 。

麦克卢汉的后视镜文化，让我们认识到，在前进的过程中，如果经常反思过去，会有助于我们更理性地认清未来的道路。用后视镜思考问题，可以更清晰地知道我们从何处来，到何处去，可以看清前进道路上的各种障碍。

此外，关于新闻和传播的理论和人物，美国媒介理论家保罗·莱文森认为“网络是名副其实的后视镜殿堂”。德国哲学家马丁·海德格尔在《存在与时间》一书中提出了凝视、顾视、环视理论。大家不妨回忆一下，整个互联网网络从起步到现在，其实就是凝视的效果，就是后视镜文化。所有的流量，所有的点击率，所有的停留率，最终都反映到广告效果的本质及销售上。因为有了凝视，有了背后的一双眼来看、来体会内容的消费，才有了所谓售卖。凝视表明用户的停留率很高，环视是看一圈就完了，意味着用户停留率较低，而顾视就可能左看右看，属于浏览型用户。我们要做的无疑是凝视。

扩展阅读

《娱乐至死》

作者：波兹曼［美］ 著，章艳 译

那么新闻和传播到底有什么作用呢？其实，新闻和传播具有隐喻或者暗示的作用，只有新闻报道了，这种传播出现了，你才会知道你的行为方式以及你的价值观。因为当你看到新闻时，你可能会缩小或者放大对某件事情的看法。最明显的例子是通过天气预报，我们会知道该加衣服还是减衣服，这就是网络传播及其价值的必然规律和背后的本质。

‖ 景观社会要勇敢地使用理性

在互联网环境下，尤其是移动互联网环境下，我们可以看见三个社会：转型社会、景观社会、新商业社会。全球其实正处在转型社会中，互联网作为一个工具，是协调各方面关系和技术的一个手段，起到协调作用。景观社会，就是随着互联网，尤其是移动互联网的发展，整个社会上很多东西是越来越割裂的，有的人局限于游戏，有的人局限于宅男，有的人局限于所谓的网络蜗居，彼此看彼此都成了各自的景观。新商业社会，是从整个传媒业的形态来看，越来越有全球化、产业化以及私有化趋势，这种技术导致的革命，使得业态已经发生巨变。

从社会学的研究上来看，人类社会就是一部社会变迁的进步史。社会变迁是一个缓慢的过程，而转型是社会变迁当中的“惊险一跳”，就是从原有的发展轨迹进入到新的发展轨迹。一个社会就像一条大的航船，在转弯过程当中，维护这条船的定力，就是公信力和社会动员的力量。

这其中一马当先的是企业，企业作为经济活动的主体，正在成为推动社会各个层面进步的重要力量。此外也为重大政治、法律、社会实践的解读提供安全的视角。任何一个产业的存在价值和发展空间，都取决于社会对它的需要程度和依赖程度。以此类推，网络已经成为生活必需品。网络不是对历史传统的割裂，也不是扬弃的简单传承，而是全方位的覆盖，尤其移动互联网已经深入到了人们生活的方方面面。对于企业来讲，也只有拥抱移动互联网，结合企业特点做好创新和转型才能基业长青，才能让创新商业化，带动社会的进步。作为企业中的媒体运营人，我们必须拥抱互联网，用互联网思维创新商业。

另一方面就是人的思想，在社会转型期存在着很大的问题："混、随便、无所谓、怎么都行、跟着感觉走"这几个词和词语基本概括了景观社会很多人的现状，彼此成为彼此的风景。

《双城记》里有一段话，很好地诠释了现今时代："这是最好的时期，也是最坏的时期；这是智慧的时代，也是愚蠢的时代；这是信任的年代，也是怀疑的年代；这是光明的季节，也是黑暗的季节；这是希望的春天，也是失望的春天；我们前途无量，同时又感到希望渺茫；我们一起奔向天堂，我们又走向另一个方向……"

作为新媒体运营人，我们必须有勇气使用自己的理性。长期以来，各种规范限制着人们迈出的任何一步，而在人的思维方式上，"长此以往""我以为""我认为"等个人思维习惯形成的固定思维，限制着人们的认识、限制着人们自己使用自己的理性所能达到的程度。这样，人的理性就牢牢地限制了人的挣脱。人已经不习惯于做这类属于人本能的自由运动。人的理智也长期被束缚着，做一些基本的理智思考都显得很不习惯、很不适应，已经放弃了主动思考的权利，激发了不理性的极度痴迷行为。这导致人们对于本性思考的不习惯。人的真正本性继而被淹没，这正是人的悲剧境地。

新媒体运营人应在良性的所有事物中独立地使用他自己的理性，每个个体去自己思考，避免盲从。要使用自己的理性清楚地理解某物是什么以及它为什么是，提倡每个人都要使用自己的理性去理解并得出自己的意见。我们要清楚自己在思考什么，在做什么，不能盲目地对自己所做的甚至所信仰的东西一无所想，片面地生活于观念中，而要真正地运用自己的理性去知道自己在干什么、在做什么。并且，人应当对自己有更高的要求，对当前自己的理性使用有自己的认识、判断和选择过程，这是一种自我反思的清醒。

尤其是网络发布资讯的快捷与便利，随时都能直接感受到用户对自己的喜爱或者厌恶，会让新媒体产生出一种“一切尽在我掌控之中”的错觉。这对新媒体的定力更是极大的考验。

以 2011 年的“小悦悦事件”为例。南方电视台《第一时间》对“小悦悦事件”的首家报道就偏向于故事性原则：两辆汽车先后碾压小悦悦并逃逸，18 个路人先后经过小悦悦身旁“见死不救”，拾废品的陈阿婆热心相救。2 个司机和 18 个路人的“冷血”和陈阿婆的挺身而出之间构成了数字、身份、人性三组强烈的对比张力，具有一般故事化叙事策略所具有的叙事冲击力。

在对小悦悦表示同情的同时，我们从舆论对那 18 个路人的社会大批判中反思，这 18 个人是真的见死不救，人性冷漠吗？遗憾的是许多媒体在 18 个路人已被贴上冷漠标签以后，还到处人肉搜索他们并上门质询他们，曝光他们的私人生活空间，对他们进行无休止的个体诛伐，比如对主动站出来说明自己没看到小悦悦的“绿衣男”反复上门采访和怀疑，对那对母女路人的上门采访及道德诘问。这些行为都明显伤害了当事人的尊严，破坏了他们的家庭秩序，试想媒体采访行为让路人中的小女孩置于舆论聚光灯下，她不会受到身心伤害并因此留下阴影吗？

“小悦悦事件”中媒体所表现出的这种个体诛伐，对私人领域过度逼视和肆无忌惮的僭越，缺乏对普通生命的尊重，造成道德名义下的伤害，就是一种不理性的行为。

延伸阅读

扫码阅读

《新媒体时代新闻传播行为的理性维度》

文章来源：网络

可见，新媒体运营时刻需要保持理性和经常性的自我审视，为自己圈定好规则，然后严格按照这些规则执行，慎重对待每一次向外发布资讯和内容的权力，不沉溺于用户关注度和收益所组成的那个令人迷醉的光环，也不被用户的情绪和期待所完全左右。把严谨、理性、责任作为运营新媒体的态度。这样，新媒体才能健康发展，成为一个对社会有意义、有贡献、有存在价值的新媒体。

“价值中立”何以可能

前面我们提到过现在全国以至全球都处于社会转型期，从过去的熟人社会走向陌生人社会，首先不可否认的是这是一种进步。同时这也意味着经济规模的扩大、人员流动性的增强、公共服务的社会化程度提高。进入陌生人社会后，面临的一个问题就是社会责任。这一点在互联网环境下尤其明显。

在陌生人社会，我们一方面对陌生人处处提防，认为这是让自己利益免受伤害的必要方式，另一方面又抱怨人性冷漠。一方面指责他人麻木不仁，另一方面又提醒亲朋好友遇事少出头。当与完全陌生的另一个人相处并涉及种种复杂的利益时，道德是否缺席是谁也说不准的事。互不信任增加了社会运行成本，也让人的情绪变得负面。

尤其在移动互联网环境下，一个新闻事件会以爆炸式的传播速度扩散开来，如果新媒体运营人把握不好情绪，就可能带来很大的负面影响。广东“小悦悦事件”中对18位路人轻易贴上人性冷漠的标签不就暴露了这个缺陷吗？

怎么办呢？价值中立可以作为借鉴。价值中立（Value free），最早源于英国哲学家大卫·休谟提出的“是”与“应该”的划分，他认为事实判断与价值判断之间有着不可逾越的鸿沟，因而我们并不能简单地从“是”与“不是”推论出“应该”与“不应该”。在前人观点基础之上，德国社会学家马克斯·韦伯也提出价值中立，他认为应当把价值中立性作为社会研究必须遵守的方法准则。每个人不能拿自己的标准来衡量别的人或事，在研究中应该保持中立的态度，也就是价值中立、价值无涉。

价值中立有两层基本含义：一是一旦根据自己的价值观念选定了研究课题，就必须停止使用自己或他人的价值观，而遵循资料的引导。无论研究结果对他或对其他什么人是否有利，都不能将自己的价值观念强加于资料，应该受科学精神支配。二是既然事实和价值世界是两回事，就不能从实然判断推导出应然判断。研究者必须经历“融进去”再“跳出来”的过程，即先和被研究对象打成一片，再从研究对象的群体一员的角色转换为研究者角色，必须保持价值中立、价值无涉。这个观点同样适用于新媒体运营的价值观。

那么，为什么说移动互联网不同于普通的互联网呢？一个核心原因就是随着移动互联网技术的进步，我们的思维越来越统一，与传统互联网相比其核心优势是越来越指向唯一的IP地址。例如，过去一些电商包括淘宝、京东等，很多地方都可以造假，而且造假的成本很低，商户可以虚拟很多IP地址、ID地址，但在移动互联网时代，造假成本增加了，商户很难再进行造假，这就保护了用户的利益，维护了市场秩序，所以说移动互联网让人们越来越真实。

思考

在新媒体运营过程中，您是否认同价值中立的观点？请说出您的理由。

移动互联网的发展锐不可当

毫无疑问，移动互联网的发展锐不可当，它正在催生人们生产生活方式的转变，一种未来的生活正逐渐揭开面纱。而在许多从业者看来，这种生产生活方式的转变，其背后是移动互联网时代思维方式的变化。

正如UC优视董事长兼CEO俞永福所说，从PC到移动，是互联网对每个人生活从渗透到占领的过程。人们正在改变的生活习惯，其背后都有对应的被改变甚至颠覆了的行业。例如，打车软件在改变人们招手打车的习惯，出租行业生态在变化；余额宝等理财产品将人们的钱从银行挪了出来，个人理财的途径在增多；京东正在试验的新功能中，用户只需提供自己的身高、体重数据就可在网上试穿衣服，未来，线下商场可能连“淘宝试衣间”的地位都难保……

由于移动互联网与人几乎“形影不离”，在可见的未来，这种改变将更为明显。那么，移动互联网到底改变了什么？

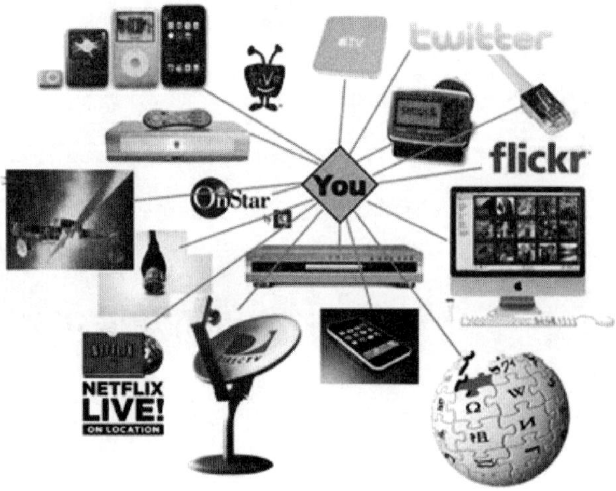

➢ **打破沟通界限**

互联网已经全面颠覆了我们所谓的边界，有六七十岁的老年人通过网络给自己订票，购物，也有农村的年轻人通过网络上淘宝大学。互联网正在颠覆包括农村以及三四线城市人们的思维和价值观。微信的出现更是让沟通更加方便，沟通的成本和距离也越来越小。

马克思曾经提出一个观点，人来到世界上的首要信息就是传授。所谓传授就是认同自身与外界的关系，就是“人起初是以别人来反映自己的，名叫彼得的人把自己当作人，只是由于他把名叫保罗的人看作是和自己相同的”。随着互联网的进步，技术的推进，我们越来越真实。正如马克思最终所说不管社会形态如何，最终的最终是人们交互以及作用的产物。

移动互联网其实就是人在协调各方面的交互和技术，最终使人产生社交。以上都证明移动互联网的趋势是锐不可当的。现在的人们离不开手机，其实不止手机，包括物联网、穿戴设备，所有的东西都可能和我们人类合二为一。未来的互联网有可能通过空气介质，我们又能虚拟出一些网络和屏幕，这都是移动化趋势。所谓移动就是在路上，永远在路上，在路上可移动的，这都应该是移动化的一个趋势。

需要注意的是可穿戴设备比如腕表等智能化产品，以人工智能为介质进行传播，这是未来传播方式的趋势。

可穿戴设备分类表

类别	举例及说明
watch类	以手腕为支撑，包括手表、戒指、腕带等产品
glass类	以头颈为支撑，包括眼镜、头盔、头饰、领带、耳机等产品
shoes类	以脚部为支撑，包括鞋、袜、脚链，或将来其他脚腕饰品。
girdle类	以腰部为支撑，包括皮带、腰带及减肥瘦身带等产品

要理解移动互联网带来的变化，我们不妨回顾一下中国互联网发展史。

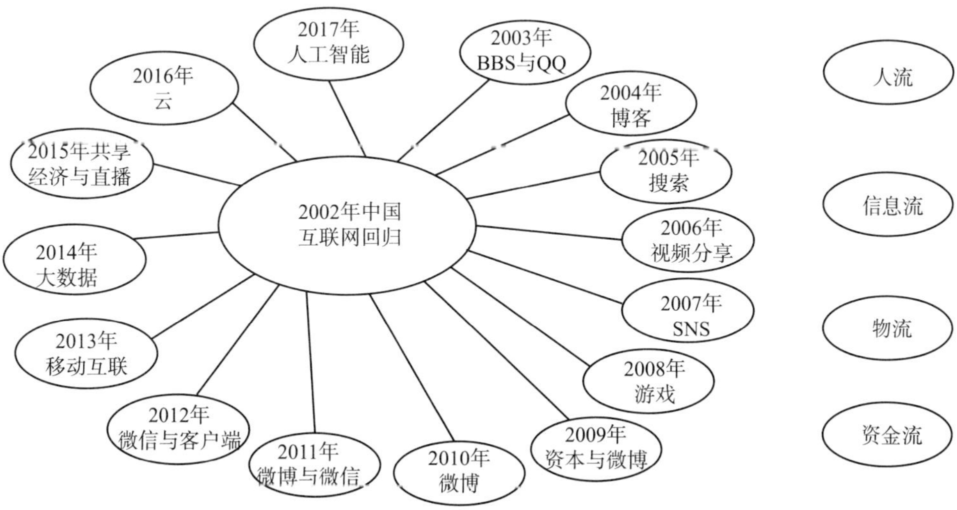

互联网发展脉络

年份	说　明	代表产品
2002年	中国互联网的元年	
2003年	最早兴起的互联网产品	BBS、QQ
2004年	具有早期社交功能	博客
2005年	搜索引擎不再局限于搜索各网站页面，而是向专业方向发展。例如百度、Google等推出了新闻、图片、论坛、大学、学术论文、图书等搜索引擎技术	搜索
2006年	视频分享，尤其是长视频的分享网站开始兴起	优酷视频
2007年	以社交基因比较强的产品，包括偷菜这种有交互，又有场景化的社交产品非常火爆	SNS、偷菜
2008年	以WEBGAME为代表的互联网互动游戏渐渐带动了中国社区网站及个人站长	游戏
2009年	很多游戏资本VCVR开始活跃起来（指关注游戏、智能产品的投资人表现出较大的投资热情），社交媒体跟社交平台兴起，以微博为代表迅速走红	游戏资本+微博
2010年	中国微博元年。2010年中国微博不管从用户范围，还是影响力上，都达到前所未有的高度。2010年多起新闻标志性事件均在微博引爆，并逐渐扩展到传统媒体，微博开始作为一股重要媒体力量出现	微博
2011年	微信开始崭露头角，用户大爆发，截至2011年年底，微信的用户数已经达到5 000万	微博与微信
2012年	以苹果为代表的很多媒体出现了客户端，以客户端、App为主进行分发	App微信与客户端
2013年	移动互联网迅速发展，各个App数据不断增长、分发，抢夺移动端所有流量的入口和端口	移动互联
2014年	以大数据为代表的大数据时代开始兴起，参考涂子沛《大数据》	大数据
2015年	共享经济，包括直播越来越火爆	共享经济、直播
2016年	云是互联网/网络的形象说法，2014年随着物联网概念的爆发而获得新生机	云
2017年	随着大数据的发展，计算能力的提升，人工智能迎来了大爆发	人工智能

未来互联网、移动互联网的发展一定是越来越随身、越来越器官化、越来越智能，包括人工智能，各种虚拟化产品。但是虚拟到最终的核心，也是一

直以满足人们的这种需求为主的。

➢ 互联网进化时间表

从 2002 年到 2017 年，纵观整个互联网的发展，无非围绕着人流、信息流和物流、资金流的底层在做所有的交互。

➢ 信息传播时效性的变化

网络传输使得信息的及时性和互动性增强。与传统纸媒和平面媒体相比，新媒体互动性更强，比如有弹幕，有留言。以往的新闻大事件一般是在第二天的早报里得知，而现在的新闻事件是在三分钟之内传遍全国。在这种情况下，网络尤其是移动互联网带来了信息传播时效性的变化。

➢ 信息的装载容量发生变化

原来的信息纸媒局限于版面，电视局限于时长，也就是说一条新闻有多少内容，主要看其占据了多大的报纸版面，占据了多长时间的电视屏幕，所以头版头条才那么重要。如今，一本《二十四史》可能仅仅通过一个网页就能够装载。所以说，新媒体对于信息的装载容量理论上是上不封顶的。这就使得传统媒体发生了变化。

➢ 分类检索的变化

大数据技术的蓬勃发展使得人们能够从各种各样类型的数据中，快速获得有价值的信息，人类进入了分类检索的时代，查找信息更加方便、精准。

导致了信息传播的流向和速度正在发生巨变。从营销角度来看，企业的广告从原来争夺头版头条，争夺央视标工，变成了如何跟用户互动，如何引起用户的关注，如何占据用户的空闲时间（碎片化时间）怎样更多次数地展示在用户面前，这些都是现在企业面临的一些问题。

既然移动互联网的发展锐不可当，那么，在移动时代媒体有什么传播特点和方法呢？我们先回顾移动时代的一个现象。

罗辑思维、秋叶 PPT 达人、河森堡袁硕等想必大家都很熟悉了，他们都是网红。此外，还有一些网红型公司、网红型门店。这些网红都有一个共同的特点——他们没有网站。作为网红的个人和企业居然没有官网，却可以成为网红，这令人深思。例如罗辑思维产品发布在喜马拉雅等音频平台上；网红门店并不是独立电商，而是以京东、天猫、唯品会等平台为依托的。这就是移动互联网时代的传播现象。

还有一种非常明显的传播现象叫作二维码矩阵。如今大街小巷几乎都可以看到各种二维码，却很少看到网址。为什么？二维码具有典型的移动互联网属性，看到感兴趣的二维码，就会想到用手机扫一扫，这就是占据手机的一种方式。所以说，二维码的遍布实际上就是由于移动互联网的兴起。

互联网赋予了人们很多的命名权

回顾从 2002 年到 2017 年所有互联网产品的形式，会发现移动互联网最大的变革就是我们的身份越来越趋同以及统一。当一个人的网络身份和现实身份越来越统一的时候，我们在位置和空间所有的数据的真实性，以及使用价值将会越来越高。例如京东只有一亿多用户，而搜狗有接近六亿多的用户，但是搜狗的市值却远远小于京东，为什么？就是因为京东所有数据的真实性远远高于搜索引擎的用户数据，而且京东的价值是越来越大的，因为它有购买数据和行为。

移动互联网，使得我们从农村到城市，从贫困山区到富裕地区，所有人打开搜狐、微博、今日头条的方式是一样的。所有主流内容的消费者大都是一样的，换句话说就是所有人同时站在了同一条线上，达到了信息消费的同等距离。

所以说，在互联网时代，互联网赋予我们的最核心的就是命名权。很多 App 的名字，例如滴滴，从最初的名不见经传，到现在估值接近百亿美金，就是互联网命名权的显著表现。

在互联网、移动互联网时代，媒体的价值依然存在，媒体可以下到田间地头，上到中央政府，依然是打通所有阶级的力量。此外，按照法国哲学家米歇尔·福柯的知识权力观，移动互联网最大权力是使知识、产品转化为权力。

按照福柯的观点，病人为什么相信医生的话？因为我们相信医生的专业知识，医生给我们的指导建议能够让我们恢复健康，所以我们相信他。即医生把他的专业知识转化为他的一个命令或者权力。

同样的道理，福柯知识权力观，也适用于互联网。在移动互联网时代，由于传播技术的力量，媒体将空间和时间组织起来，从而再生产或者解构社会权力。好的产品即可改变世界，由下而上、点点滴滴地改造世界成为可能。也就是说，互联网产品聚合了权力，是指挥权的调整与解释权的取代，重要的已不是解释世界，而是改变世界。我们使用互联网，同时为互联网贡献内容，互联网内容又反馈给我们回报，包括声誉、资本等。反之，如果我们不使用互联网，不贡献内容，结果就是我们断绝了与同类人交流和分享的机会。

在社交媒体上，很多网友尤其大 V 有了直播的权力，体验了权力的滋味。正如伴随着互联网成长起来的谷歌创始人佩奇所洞察的那样：如其硬权力通过成千上万的服务器而遍布全球一样，谷歌的“智力”也将会类似地得以扩散，借助地方性语言而对信息的扩散产生革命性影响。

那么，为什么说移动互联网时代最核心的是命名权呢？要了解这个内容，首先了解什么是名称。名称即是抽象对具体事物的粗略缩减，玩具是以实物方式表现的抽象，高度发达的文明不断增加抽象的手法，发展出通过分析产生的超级抽象。随着移动互联网的发展，新商业社会模式本质核心应该是情感共鸣、富有同理心，有情感投入、认同感和归属感。能讲好一个关于主题的好故事，而故事通常是关于角色之间的关系和互动的，让人有情感共鸣的、容易记住的。

从历史上看，文化商品有使用价值，这些商品必须保留原创者的痕迹，尤其是对于特定的人或个性化劳动的作品，必须保留作者的名称。这是因为第一可以获得尊重，第二可识别和表达而拥有价值。作者署名权作为一种特权，不同于具体的商品买卖，后者完全不知道它们的直接生产者是谁。

我们看到现在的互联网名字多样化，各种各样，有动物的、有水果的、有各种宝的，笔者在这里不一一论述。现代人正是被这些大量缺乏美感的新名称、新规矩和新名词弄得不知所措。作为新媒体人，既然对产品起了名字就要对结果负责，慎始善终。从无到有是最难得的，也是一个渐进的过程，绝非一蹴而就。而一旦每个部分有了名称，它们就会固定不变，因为，只有当内容固定不变的时候，名称才具有使用价值。

以此来看，名称只是某一未知数的象征。按照每件事物的自然本性来给事物命名的功能，把属于它的一切原因、特性和效果都分别归原到这些人格化上去。因为，我们每逢要表达我们对于精神事物的体会，都必须求助于想象来说明它们。每个词被赋予了特定的含义，并且，不可能做出暂时性的调整以适应概念的流动性。

新媒体运营中，一些新媒体产品的名称更加重要。有一句话说："人如其名。"如果名字都没起好，你凭什么让用户关注你？以微信公众号的名字为例，好的名字可以一眼让用户了解到微信账号的目标定位、品牌调性和内容主题。所以说，作为新媒体人，我们必须学会灵活运用互联网赋予我们的命名权。

思考

福柯认为知识可以转化为一种权力。在新媒体运营过程中，您认为怎样做可以将互联网知识转化为权力？

移动互联网让形塑和预见未来成为可能

技术揭示了人类与自然之间的能动关系，揭示了人类生活直接的生产过程，进而也揭示了人类社会的生活关系，以及以此为基础的思想观念。人类的进取心或劳动力，需要且渴望得到技术的无缝支持。可以将技术理解为一种机制，通过它，人类操控物质世界，使社会行为和过程发生得更迅速、更有效。尽管未来仍存在许多不确定性，人类确实已经建立了对未来加以预期的机制，通过这类机制做出决定，预见、形塑未来。

移动互联网时代呈现更多的是场景，场景体现了时间和空间的感觉，它代表了未来的消费精神。或者说，移动互联网最大的变化就是带来了加速的动态，使得时间越来越大地挤压空间，越来越能形塑和预见未来。

很多新工具都能追踪人类的活动，都能预见我们的下落。不是当下的，而是未来的。例如随着移动终端的普及，地理位置相关服务（LBS）也越来越火。我们在天猫、京东购买产品，通过互联网技术可以随时预见到物流信息，以及快递员的位置信息。

过去资本也好，物流也罢，从一个地方到另外一个地方，其移动速度是非常慢的，尤其是资本。而如今的互联网技术使得资本从一个国家到另一个国家都可以以秒的速度计算，或者以毫秒的速度计算，这样就节省了很大的成本，使其效率远远提高。这就是互联网，尤其是移动互联网带来的巨大影响。

以我国汽车行业为例，在第二届世界互联网大会上，百度公司的无人驾驶汽车正式亮相。2017 年京东无人驾驶货车亮相。如果这些只能说明互联网技术的伟大，那么通用汽车发布的 2025 车联网战略足以展示互联网是怎样预见未来的。

1962 年，通用汽车参与的阿波罗计划将人类和月球车送上月球。来自太空的互联，催生了通用汽车的 OnStar 车载通信技术。48 年后，OnStar 系统让全球 1200 万的通用汽车用户享受到科技带来的安全与便捷。如果说完美的互联科技是“后来者”追逐的终极目标，那通用汽车可谓是车载互联科技的鼻祖。

2017 年 3 月 27 日，上汽通用汽车发布了车联网 2025 战略，对未来八年的互联科技发展构建出清晰的发展规划。上汽通用汽车总经理王永清表示：“未来上汽通用汽车将立足于庞大的用户基础，加速企业车辆云平台和云服务的构建，持续提升车联网服务能力，全面打通‘人 · 车 · 生活’的车联生态，开启万物互联的全新汽车生活方式。”

上汽通用汽车 2025 车联网战略时间轴：

2017 年，在上市新车上推出全新一代车联系统，着力推进以“云”为中心的车辆应用与服务，并实现不断迭代更新；OnStar 基础服务免费期延长至五年。

2018 年，推出 OTA 在线系统更新；在原有实时车况诊断基础上升级为预警提醒。

2019 年，引入最先进的 SuperCruise 智能驾驶技术，逐步解放驾驶者双手双脚和双眼。

2020 年，推动 V2X 技术开发，让出行更加安全。

2021—2025 年，全面推进 5G 超高速网络、AR 增强现实技术、高级人工智能等前沿技术开发，实现高度自动驾驶，打造最佳出行体验。

总之，过去十多年来网络普及程度与变化程度甚快，网络已成为一个形塑当代生活，并同时被形塑的一个重要的社会技术体系。互联网是经济、政治、心理、情绪和行为控制的最新手段，是时尚“鸦片”——尤其是年轻人，他们对于系统来说具有最大可能的危险性。从本质上讲，它是统治、控制和斗争的新领域。

‖ 互联网属性规律知多少

传统观点认为互联网就是一种媒介，例如我们所熟悉的传统互联网三强——搜狐、新浪、网易，它们最本质的是都具有媒介属性。

➢ 媒介的属性

那么媒介有哪些属性呢？根据 BBC 的观点，媒介具有三大属性：

INFORM	EDUCATE	ENTERTAINMENT
信息 发生了什么	知识 如何理性解释	娱乐（情感） 如何感性思考

- INFORM

指信息，什么时间、什么地点、什么人、发生了什么事件，这是传统的新闻学的观点，时间、地点、人物、起因、经过、结果，六要素必须讲清楚。

- EDUCATE

即知识，就是如何理性解释，或者如何理性地解释发生了什么。主要以获取知识为代表。

- ENTERTAINMENT

指娱乐、情感，就是如何去思考发生的事件。这个维度是从比较感性的角度出发的。例如，现在比较火的社交及电商，IP 化生存、IP 化营销等都属于情感营销。

以上是互联网作为媒介的三个属性。其实互联网的这三个维度代表了用户对获取信息的认知升级的三个阶段。在第三个阶段，由于信息的迅速爆发，用户时间的高度碎片化，出现了更多的商业机会，无论是巨头还是创业者都会在 ENTERTAINMENT 维度中找到自己的机会，找到一个适合自己的细分领域。

实际上，要深入了解互联网，还要了解互联网的三个比较适用的定律和一个效应。

➢ 互联网三大定律 + 一个效应

摩尔定律	古尔德定律	迈特卡尔定律
国际象棋的发明者与国王	管道化的运营商	网络价值与用户数量平方成正比

- 摩尔定律

摩尔定律是英特尔联合创始人戈登·摩尔提出来的。摩尔定律认为当价格不变的时候，芯片上可容纳的晶体管数目每 18 到 24 个月增长一倍。一个有趣的例子可以帮助我们更好地了解摩尔定律。

国际象棋的发明者发明了国际象棋之后，他觉得这个象棋很好，可以减少全球战争，让大家都下棋就不会再有战争了，于是他就把这个产品献给了国王。国王非常满意，想要奖励他，结果他对国王说："我不要太多，我只要一些大米，能够摆满国际象棋的棋盘就可以了。但是摆放的条件是：第一个格一粒大米，第二个格两粒大米，第三个格四粒大米，第四个格八粒大米……以此类推，将整个棋盘摆满为止。"国王听后，觉得他太傻了，金银珠宝、城堡都不要，却只要大米。同时，国王也很好奇，这个年轻人为什么这样要大米呢？

当国王按照年轻人的要求，刚摆放到第 14 格的时候，国王发现大米的数量已经非常巨大，摆满整个棋盘的话，共需要 2 的 64 次方粒大米，这意味着全球一大半的粮食储备都已经被要光了。所以国王非常害怕，愤怒地将年轻人杀了。

这个例子就是典型的摩尔定律现象，一个东西看似很小，但当它到了一个临界点时，就会迅速膨胀和爆发。这是互联网的一个典型特性。很多互联网产品都符合这个规律，例如国外的优步，中国的滴滴，都是用户积累到一定程度之后，有一个瞬间的爆发，过了那个临界值，它会以一个指数级的能量爆发出来。

- 吉尔德定律

20 世纪 90 年代中期，乔治·吉尔德提出在未来 25 年，主干网的带宽每六个月将增长一倍。这就是吉尔德定律。之后，从吉尔德定律衍生出一个概念：最为成功的商业运作模式是什么？就是价格最低的资源将会被尽可能地消耗，以此来保存最昂贵的资源。例如在蒸汽机普及的时代，因为蒸汽机的成本低于传统运输工具马匹，所以聪明的商人就会选择蒸汽机，马匹就被弃用了。

再以三大运营商为例，由于微信、微博这些社交媒体已经逐渐取代了人们传统的打电话、发短信等沟通方式，所以运营商发现自己逐渐被管道化了。所谓管道化，就是他们只要做好中间这段通路就可以了，与用户之间很难产生连接。人们使用微信、微博及一些其他聊天工具的时间远远多于短信。根据吉尔德定律，由于带宽的迅速增长，只有真正跟用户贴近的应用才最有价值。摩尔定律衡量的是互联网的硬件维度，吉尔德定律则是从网络维度衡量。

- 迈特卡尔定律

迈特卡尔定律认为网络价值与用户数量的平方成正比。比如电话，如果全世界只有一个人使用电话，那电话是没有价值的。同样，如果全世界只有一个人使用微信，微信也是没有价值的，这是一个典型的商业逻辑。反之，如果使用电话的人越多，电话的价值将会成几何级，指数级增长，同时每个人使用电话的成本也会不断降低。同理网络费用，即流量的费用也会越来越低，这是从用户的维度去定义的。

➢ 马太效应

互联网三大定律分别从硬件、网络和用户三个不同的维度理解互联网。而马太效应则帮助我们从商业模式维度理解互联网。马太效应出于《新约·马太福音》中的一个故事。

一位国王要远行，给了三个仆人每人一锭银子，让他们出去做生意，等国王回来后检验结果。国王远行归来，第一个仆人对国王说，您给我的一锭银子我已经赚了 10 锭，国王很高兴，奖励了他 10 座城池。第二个仆人报告说，主人您给我的一锭银子，我赚了 5 锭，国王奖励了他 5 座城池。第三个仆人报告说，国王您给我的银子我一直藏在枕头下，现在还给您。国王听后，不但没有给第三个仆人奖励，反而命令他将这锭银子交给了第一个仆人。随后，国王宣布赚钱越少的人不但不会给予奖励，反而要交出他所有的。赚钱越多的人，就越要奖励，多多益善。

这就是典型的马太效应，强者恒强。

一个人或者一个企业如果想在一个领域保持优势，就必须在此领域迅速做大。反过来，如果你成为某个领域的领头羊，即使投资回报率相同，那么你最终获得的收益远比你弱小的人大得多。但是，如果实力相对较弱，无法迅速在所在领域做到最大怎么办？那就要不停地寻找新的发展领域，如此才能保证获得较好的回报。这也是很多细分市场出现了一些服务于小众用户的应用的主要原因。

马太效应在互联网中的另一个解释是一个产品或应用，以直播平台为例，基本上是5%的付费用户养活整个直播平台，80%以上的免费用户为平台贡献流量。网游也一样，一个服务器基本上只有一个付费用户，其他玩家只是贡献流量。直白点说就是小部分人贡献着一个平台的现金流量，大部分人贡献着一个平台的流量（网络流量）。

在生活领域中，马太效应的一个突出体现是1%高收入者的财富增速远远超过其他人，而在这1%中的1%的顶尖高收入者的财富收入，又会远远多于其他普通高收入者。意即你的收入越多，你的收入增速则越快。所以，用一句话概括马太效应就是强者恒强、强者愈强。

互联网的三大属性、三大定律及马太效应，解释了互联网所有的商业现象，以及现在互联网所衍生出来的新的领域，诸如消费升级、共享经济等。那么，作为新媒体人，一定要了解互联网，因为新媒体的产生源于互联网的发展，新媒体产品的生产运营也依赖于互联网。

延伸阅读

中国互联网行业马太效应加剧
行业巨头迅速“膨大”
文章来源：央广网

互联网时代的商业模式

互联网商业模式就是指以互联网为媒介，整合传统商业类型，连接各种商业渠道，具有高创新、高价值、高盈利、高风险的全新商业运作和组织构架模式。要了解互联网商业模式的变化，我们先简单看一下互联网的发展史。

互联网发展的四个时代

发展时代	特　征	主要代表
0.5时代	20世纪90年代中叶到2000年，典型的硬件时代。渠道为王、网吧经济	联想、思科、惠普
1.0时代	门户经济的时代。眼球为王、注意力经济时代 新闻+邮箱	搜狐、新浪、网易、腾讯
2.0时代	后门户时代（TAB）。门户、社交、电商登上舞台，注意力被解构，时间被重新洗牌（指占有用户时间的竞争），入口资源被重新分配	阿里巴巴、腾讯
3.0时代	生态互联网时代。用户碎片化、智能化、互联网工具化、敬畏用户（指极度尊重客户）、入口多元化	手机、电视、车联网

互联网的发展注定了互联网产品的不断变化，那么互联网产品具有哪些特性？这些特性是如何迎合互联网风口及全民消费趋势的呢？互联网产品最显著

的三大特性一是极致单品，二是后续服务，三是共享经济。

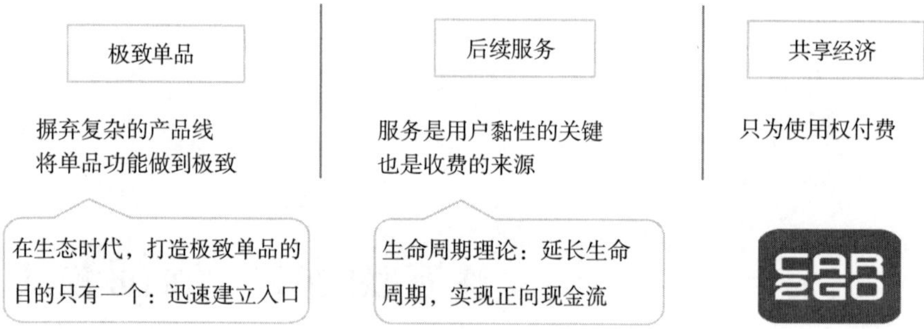

➢ **极致单品**

在生态时代，打造极致产品的目的只有一个，就是迅速建立入口。如何建立入口？摒弃复杂的产品线，聚焦一个点进行突破。例如，红衣主教周鸿祎的手机 360 安全卫士，就是一个典型的打破行业规则，然后迅速占领用户、占领消费者心智的产品。小米的红米手机，一推出就打破了手机行业的规则，这就是极致单品的一个典型案例。

➢ **后续服务**

后续服务的理论基石是生命周期理论。总结起来就是设法延长产品的生命周期，以实现正向的现金流。

➢ **共享经济**

互联网从它诞生起，其实就是共享经济的一个代表。共享经济的典型特征之一就是只为使用权付费，后面我们会详细说明。

在了解了互联网的媒介属性、互联网的发展历史、互联网的产品特征等背景知识的基础上，我们看一看互联网时代的商业模式。

总结起来，互联网商业模式无外乎三种模式。一是广告 1.0 时代，卖的是注意力；二是卖电商、卖服务；三是卖内容、卖人格、卖生态。例如锤子手机卖的是人格化的情怀，罗辑思维卖的是知识，小米卖的是体验，等等。互联网的三大商业模式其实相对比较简单、清晰，或是产品直接变现，或是通过广告变现，或是通过一些服务、解决方案来变现。我们通过几个具体的案例来说明。

➢ **分众传媒**

分众传媒是互联网商业模式变革中非常经典的一个案例。在全民互联网时代，分众传媒这种被动式广告的价值越来越强，特别是在电梯里，一个封闭空间，手机没有信号，乘坐人只能看其广告内容，这其实是被动式广告。相较于主动的资讯模式，被动式广告在很多情况下是不得已而看的，是用户的唯一选择，那么此商业逻辑就像友宝的自动售卖机，在一个封闭环境中，没有别的选择，只能在自动售卖机上买东西。

分众传媒最近衍生出一个新的商业模式，他们设立专门投资部门投资各种创业项目。例如，电梯广告中的二手车广告，就是分众传媒利用电梯的剩余媒体的剩余资源入股的参股方式进行的。同时在该企业的发展过程中，享受该企业的成长红利，当该企业得到下一轮融资，分众传媒就跳出，通过这样的模式获利。这是广告剩余流量变现的有效方式，也是分众传媒的一个优秀商业模式。

➢ **友宝售卖机**

大家应该很熟悉友宝售卖机，那么，你知道什么地方的友宝售卖机的产品销量最好吗？四个选项：地铁站、火车站、富士康郊区工厂、高校。这四个场景，你会选择哪一个？相比之下，人员流动较大的火车站的销量都是最少的。而其他相对封闭的环境，友宝售卖机的销量却非常好。有数据显示，晚上 11

点以后，高校友宝售卖机使用率最高，因为深夜只能选择自动售卖机，其他商店、商场都已经关门。诸如像富士康这种大企业的郊区封闭式工厂，销量也非常好。

实际上，在人流量大的地方，虽然售卖机的售卖率低，但是这些地方的流量高，它能够产生广告价值。相反，在广告流量、广告价值较低的地方，商品售卖率却较高，这就是友宝的商业模式。

友宝售卖机不仅本身和广告做得很成功，同时还衍生出新产品——友唱。在商场中不难发现，友宝售卖机和友唱 KTV 总是比邻而居，唱歌唱累了买瓶水，然后接着唱，友宝抓住了消费升级风口，所以越来越成功。

➢ 味全果汁

味全果汁是唯一一家通过瓶身与用户聊天的产品。味全以瓶身作为媒体资源，与用户之间产生互动，触动用户的心灵。例如“加班辛苦啦！”“听妈妈的话”“夜归人”等，当人们在货架上看到味全果汁时，会发现，这正是我需要的。味全果汁真正做到了与消费者心灵相通。通过这样的模式，味全果汁产品销量几乎呈几何级增长。

延伸阅读

《物尽其用！瓶身营销我只服味全！》
文章来源：搜狐

共享经济思维

随着互联网和移动互联网在各行业的渗透，以资源、信息共享为核心的互联网成为共享经济天然的土壤。目前，共享经济在国内以至全球都大热，仅2016年一年间国内互联网共享经济行业规模就从2万亿元激增至4万亿元，共享资源也从房屋、出行等实物载体向知识、兴趣等虚拟载体渗透，摩拜单车们的火爆、支付宝到位的脑洞大开和分答们的舆论热度均受益于共享经济的光环。

➢ 什么是共享经济?

那么，到底什么是共享经济？有什么特征呢？所谓共享经济是指拥有闲置资源的机构或个人有偿让渡资源使用权给他人，让渡者获取回报，分享者利用分享他人的闲置资源创造价值。

➢ 共享经济为什么大火?

共享经济为什么大火呢？首先移动互联网做到了人与人之间的高效连

接，“世界变平了”。供给方与需求方的诉求被低成本地反馈到平台上，使得共享变得更方便。其次，云计算和大数据的出现提升了信息的运算与匹配能力。数据存储、运算成本变得越发低廉，平台的撮合与匹配能力、精准度在不断提高。最后，“劳动者——企业——消费者”的传统商业模式逐渐被“劳动者——共享平台——消费者”的共享模式所取代。比如传统的出租车公司，在链条中的成本收益比逐渐下降，存在感遭受挑战；部分业态个体经济体效率高过传统经济，如 O2O，电商平台等。

我们先回顾一下 2016 年中国共享经济图谱。

2016年中国共享经济图谱

资料来源：中国电子商务研究中心

2016 年中国共享经济市场规模达到了 39 450 亿元，复合增长率为 76.4%。

2016 年度共享交通领域，6 月 16 日，滴滴出行获得高达 45 亿美元的融资。

2016 年度共享单车领域，OFO 完成了五次融资，创造了行业纪录。

2016 年度外卖市场呈爆炸式的发展，交易规模达到 1 524 亿元，相比 2015 年 459 亿元增加了 232%。表面上看，外卖属于懒人经济，实际上其背后折射出的是共享经济的特征。

共享经济中，出行领域比较具有代表意义的滴滴出行，不但提供租车服务，同时大力发展顺风车业务、滴滴巴士，这都是滴滴在陷入困局后的破局之道。神州租车也找到了自己独特的用户定位，神州租车细分用户市场，推出高端车租赁、中端车租赁、校园租车、国际租车等，同时，其在安全性领域也取得了成功，因此神州租车在出行领域一直占有一席之地，形成壁垒。

共享经济的发展经历了四个阶段

阶段	共享内容	典型代表
第一阶段	共享网络规则、代码和技术资源	程序员之间共享代码，共享技术资源
第二阶段	分享自己的生活	Twitter、微博、微信
第三阶段	分享自己的创作和知识	知识分享平台，如Flickr、美图、知乎
第四阶段	分享自己所有权的财产	Airbnb、小猪短租、途家

当用户开始分享自己所有权财产的时候，另外一端的用户获得的就是使用权，这就是共享经济从所有权到使用权的时代，形成闭环商业模式。

➢ 共享经济的特征

共享经济表现出三大明显的特征，这也是我们在判断用户需求时，要关注的重点。

➢ 资源最大化，从存量汇聚到增量放大

共享经济最先解决的是一些存量需求，慢慢放大到一些增量需求。例如，滴滴最先解决的就是打不到车的问题。后来很多用户觉得下班不去打车，直接叫车更方便，增量市场迅速放大，这就是一个典型的共享经济的需求特征。

> ➢ **交易效率最大化，供需直联、动态定价、瞬间匹配**

所谓供需直联，以滴滴为例，作为车主，车就是车主的，车主能够控制车的使用。用户能够直接与产权所有方产生连接，而且可以达成瞬间匹配，根据路程定价，价格是动态的。

> ➢ **交易规模最大化，从流量垄断到利润垄断**

以共享单车为例。共享单车其实是一个生活化、形态化和全场景的产品。首先是生活化，网约车并不是真的共享，而是分时租赁，共享的是一种价值观，一种行为模式。其次，共享单车共享的是一种身份认同。最后，共享单车有独特的商业模式。

共享单车到底是靠什么盈利呢？靠押金？用押金做投资？其实这是不成立的，因为收到的押金会受到严格监管，是无法转出做投资的。靠广告？目前，共享单车还没有出现比较成规模化的广告收入。靠租赁费？是的，目前也只有这种说法是可行的。共享单车的盈利模式主要是借助车辆的高频使用来完成的，由于自行车的造价相对较低，但使用频率却很高，所以说实现盈利只是时间问题。假定一辆共享单车价格为 300 元，每天使用 10 次、每次一元，一个月即可收回成本。即便车辆的损耗率达到 50%，也不过将收回成本的周期拉长到两个月。

在这个过程中，技术的作用更多体现在运营管理层面，借助 App 应用，共享单车可以更好地实现“共享”的目的，从而提升其利用率；而大数据、人工智能等新技术的应用，主要体现在骑行模拟、供需预测、停放预测和违停识别等领域，通过这些优化来提升管理精度和运维效率。

在共享单车的发展过程中，最先兴起的摩拜单车，却多次被 ofo 弯道超车。ofo 首先从体验上超越。摩拜单车为追求低返修率，第一代摩拜单车比较沉，骑行体验不好。于是 ofo 就推出一款轻便低成本单车，顺利抓住了第一个卖点。用户会觉得大轮车速度快、轻便、好骑，第二次 ofo 推出大轮车，抓住好骑这个卖点打击对手。反观摩拜单车，它的卖点是高科技、高逼格，高技术含量及未来感，双方卖点不一样。但 ofo 的几次超车还是很成功的。后来 ofo 又跟小黄人进行 IP 的深度绑定，一举奠定了在这个 IP 放大的模式下，获得了一批新用户。

生活化　　形态化　　全场景

网约车是竞争时代的产物，拼入口；共享单车是生态时代产物，拼的是“入口+时间”

不符合“边际成本—边际收益”规律，产品生命周期内无法支撑盈利，是共享单车无法逃避的盈利之殇……

相信不久的将来，共享经济会出现越来越多的入口，目前已经逐渐出现一些诸如共享玩具、共享农场、共享衣物、共享车位等，大家不妨关注一下。

总之，随着云计算、物联网、大数据等新技术逐渐成熟，共享模式创新和应用实践有了更多可能。短视频、网络直播等新信息产品生产样态革新媒体传播生态，网红经济与共享经济推动新媒体产业发展。人工智能技术引领传播技术创新，媒体“智能化”发展，内容创业步入快车道。作为新媒体人，我们必须明确把握新媒体的发展趋势，才能获得先机。

跨界思维

在新媒体时代，流行着一句话：你不跨界，就会被打劫。信息技术的发展使信息在生产、传播以及消费三道环节都出现了无限化和碎片化的发展趋势。只有最大限度地通过跨界融合资源，才能够在自身平台集纳大量优质内容和服务，满足用户的海量信息需求，方便用户的工作生活。

那么，在新媒体环境下，怎样结合互联网做跨界？中欧商学院陈威如教授认为跨界只有三种模式：垂直整合、水平扩张、突然颠覆。

垂直整合	水平扩张	突然颠覆
后向整合+前向整合 成本高，模式“重” 一旦成功很难被破解	满足用户一切可以满足的需求 带来规模效应，市场份额	不领先以往的方式生存 改变行业的商业模式

➢ 垂直整合

垂直整合或者后向整合（往上端整合）或者前向整合（往下端整合），其实就是在产业链上下游之间进行整合。垂直整合成本高，模式重。但是一旦成功，将会迅速建立起壁垒。

垂直整合是短期内大家都能看到的机会，但是它需要投入很多的重资源。比如谷歌做无人驾驶汽车是有很强的基因上的关联，它的地图、搜索以及其人工智能领域均发展良好。

➢ **水平扩张**

水平扩张是在行业内的水平合并，比如收购、并购等就属于水平扩张模式。例如小米，除了手机业务外，还投资了很多智能硬件领域的初创型的企业，这就属于水平扩张。再如百度从PC端到移动端，是一种类似的可替代业务布局，这也属于水平扩张。互联网水平扩张的最终状态，是满足用户一切可以满足的需求。水平扩张最容易带来规模效应、市场份额，同时消灭竞争对手。

水平扩张的另一个案例，是利用时间红利实施全球化的战略，向不发达国家输出产品和服务。例如，红米手机在印度销量很好，华为在东南亚销量很好，这就是利用时间红利输出自身的技术优势。

➢ **突然颠覆**

突然颠覆，是不依靠以往的方式，改变行业的商业模式和竞争规则。由于不依靠以往的生存方式，类似于门口野蛮人的模式，是一种毫无预警的颠覆。颠覆的力量往往来自侧翼，而侧翼则是最容易被波浪打翻的。对此，我们通过几个案例，看看是如何通过突然颠覆进行跨界。

103.9交通广播电台广告下跌

从2016年下半年开始，103.9交通广播电台的广告收入出现了较大下滑。103.9的收听者主要是开车者，具有封闭属性，其广告收入非常高。103.9并未受到新媒体的冲击，但是近来广告收入却下跌严重，究其原因竟是打车软件的兴起。用户、司机不再仅仅依赖于103.9，大家都开始使用在线地图、导航、打车软件等替代了收听103.9。

方便面销量下滑

据闻，康师傅自2014年开始出现业绩下滑，5年市值缩水900亿，另一方便面巨头统一则退出市场。事实上，方便面已经成为一个历史产品了。方便面的核心消费场景主要有两大类，第一类是宅文化（宅男宅女）；第二类是绿皮火车（低速火车、快车）。但是2015年外卖兴起后，方便面的很大一部分消费场景不见了。大多数人选择叫外卖。此外，随着铁路的提速，在铁路上吃方便面的人越来越少了，在高铁上，很多人也是买快餐代替方便面。所以，方便面的销量出现断崖式下跌。实际上，方便面是被人们新的生活方式颠覆了，由于康师傅没有抓住消费升级机会，结果逐渐落后。

连咖啡

包装精美、购买体验好、味道好，这都是连咖啡的强势优点。连咖啡直接对标的就是星巴克。早期星巴克不接外卖，而最早送星巴克外卖的就是连咖啡。

连咖啡最初通过微信与用户连接，用户通过微信可以订购星巴克咖啡。连咖啡采用补贴的手段，免外送费或者减免部分资金等方式吸引用户，当一些人感觉很方便的时候，就养成了使用连咖啡的习惯，登陆连咖啡去订购星巴克。慢慢地连咖啡开始将星巴克的产品下架，推出了自己的独立产品。如今，连咖啡已经推出各种自己的产品，价格更便宜，配送更方便，口感可与星巴克比肩。这其实就是连咖啡对星巴克的颠覆。

黄太吉——快餐正餐化

西少爷、伏牛堂、黄太吉……提到这些网红小吃很多人都耳熟能详。当初，它们火爆起来的速度几乎是一样快：2014年春天，北京五道口的西少爷肉夹馍小店卖出了他们的第一个肉夹馍，孟兵写了《我为什么要辞职去卖肉夹馍》，在网络上迅速走红；几乎是同样的时点，张天一和合伙人的伏牛堂湖南牛肉粉在北京环球金融中心开业，同样因为一篇《我硕士毕业为什么卖米粉》而红极一时，目前伏牛堂已经获得几轮融资，用张天一的话说是“一阵子不用愁生存了”；比他们早两年成立的黄太吉更是一直因各种热门话题饱受关注——凭借在互联网企业的工作经验，创始人赫畅将营销“玩出了花儿”——外星人大会、美女老板娘、豪车送煎饼、和《煎饼侠》绑定……

实际上，黄太吉在第一阶段做了一款极致单品，创造了一个新的消费需求的品类，打造了以煎饼果子为核心的中式时尚快餐连锁品牌。黄太吉的成功就是围绕用户体验，将互联网的三大特性——极致单品、后续服务、共享经济，发挥到了极致。

第二阶段就是2.0时代，黄太吉打造了以白领外卖为核心的移动互联网快餐公司，专注白领外卖市场，推出多款爆品，然后推出其他的衍生品。

第三阶段，黄太吉提出了做中国最大的移动互联网单品快餐生产配送平台。到3.0时代，它已经开始实现盈利了。为什么？由于这个产品本身是固定品类的，在上下游的议价能力较强。黄太吉在不断提升自身产品和服务的同时，在产能方面只做自己的产品，在物流方面只送自己的产品，在成本控制方面，能够严格控制成本。因此，黄太吉基本上已经快做到了中国移动互联网的快餐生产配送平台。同时推出了自己的子品牌，介入第三方平台，开始给白领提供比较有逼格的高端送餐服务。

在4.0阶段，黄太吉在融资当中提出要打造餐饮外卖金融创业生态平台。例如你有一个好配方，想自己创业，但是没有钱、没有时间，那么，就可以通过黄太吉，通过使用其平台上的中央厨房，物流配送体系，以及可与用户产生连接的互联网平台。黄太吉可提供金融贷款服务，通过入股的方式占股，你需要做的只是输出配方即可。黄太吉的这款产品和服务，目前还在一个概念和探索阶段，但足够我们细细品味。

阶段	时间段	说　明
1.0	2012年8月—2014年8月	打造以煎饼果子为核心的中式时尚快餐连锁品牌
2.0	2014年9月—2015年9月	打造以白领外卖为核心的移动互联网快餐公司
3.0	2015年9月—2018年9月	打造中国最大的移动互联网单品快餐生产配送平台
4.0	2018年10月—2020年10月	打造餐饮外卖金融创业生态平台

如果有一款产品，具备黄太吉的几个条件：有自己的中央厨房（硬件条件）、有自己非常成型的餐饮制作输出体系、有自己与用户产生连接的APP或平台、有自己的物流配送体系，同时引入一些金融产品之后，就可以复制出这个新的商业模式。虽然，目前黄太吉遇到了关店潮，很多接入其平台的第三方商家逐渐撤走，但是不可否认的是黄太吉利用了互联网的特性，利用生态营销的理念，建立了一个比较强的入口，跟用户之间产生了一定的关联，值得我们思考。

延伸阅读

《说说“互联网+”时代的新媒体跨界运营新方式》
文章来源：人人都是产品经理

跨界思维应互联网而生，作为新媒体人，需要“进化”，完成华丽转身，采用跨界思维去进行新媒体运营，以适应这个足以革新我们思维观念的“大数据时代”。

第三章 用户思维，新媒体运营的核心思维

急用户所急，想用户所想，被用户所需。互联网时代如何做好产品？得用户者得天下。用户需要的是孔，而不是钻头。满足用户需求和创造用户价值是商业的根本目的，也是新媒体运营的根本。

新媒体运营之核心——用户思维

从事新媒体行业，做好新媒体运营的关键是要有用户思维。用户思维，是指一种以用户体验为中心、让用户在产品或服务使用过程中更好地实现个人价值的思维方式，这也是当代社会中生产者与消费者“关系倒转”的重要标志。从用户的角度思考问题，深入分析用户的需求，结合他们的需求去设计产品、生产内容、策划活动、推广方式。这才能真正急用户所急，想用户所想，被用户所需。

用户思维是新媒体运营，尤其是自媒体领域的核心，研究如何让用户感兴趣，而且不仅要让用户感兴趣，还要让用户看得痛快，用得痛快，而且看完用完还会成为你的粉丝是用户思维关注的问题。用户思维的核心自然是用户，其核心在于“用”，也就是说消费者买了你的产品，开始尝试使用时，你们的关系才刚刚开始。钱是放在用户口袋里的，赚钱赚的是用户的钱。如果先把人聚起来了，钱自然不是问题。但如果人聚不起来，再努力可能也赚不到钱。

“用户的成功才是产品的成功”，优秀的产品或服务，不仅要让人感受到善意，还应该从“非刚需”走向“刚需”。作为运营者需要尊重现实发展规律，以用户为中心，使用户体验后真正有所知、有所乐、有所感、有所思、有所获，从而有所恋、有所敬。只有以用户为根本，在服务中让用户愉悦地实现知识、认同、情感或价值的提升，产品或服务才能成为其生活的一部分。

延伸阅读

《媒体融合别丢了用户思维》
文章来源：人民网　作者：卞民德

事实上，传统媒体与新媒体之间在商业模式上最大的差别就是用户，用户是横在传统媒体和新媒体之间的一个巨大的鸿沟。传统媒体是内容至上，而新媒体是用户至上。

由于传统媒体在发行和转播上，大量依赖于政府机构的协调，长期以来，传统媒体对用户这个概念是非常模糊的。在传统媒体中，用户一度被称为“读者”或“观众”。换句话说，传统媒体负责生产内容，生产什么，用户就看什么。对他们来说用户可有可无，他们的生存不是靠用户，而是上级有关部门的支持。传统媒体把报纸卖出去后，和读者就几乎再无交集。这种思维周鸿祎在他的《互联网方法论》一书里曾做过深刻对比，他明确指出了用户和客户的区别：“以前你把东西忽悠出去，让客户购买了就达到目的了。现在则不同，用户是使用你的产品或者服务的人，但他们未必向你付费。你把东西卖出去或者送出去，用户才刚刚开始跟你打交道。你恨不得通过你的产品和服务，每天都让用户感知到你的存在，让用户感受到你的价值。”

新媒体无时无刻不在争取用户的数量，对他们来说，用户就是生命。为了争取用户，新媒体人采用各种好用、有趣、简单的内容生产，分享手段。他们在内容的创新上不遗余力，用户喜欢看什么就生产什么；在服务上不遗余力，为用户提供各种有趣、有价值的内容服务，如网易新闻跟帖等交互手段让用户对新闻评头论足，知乎、简书等自媒体为用户生产内容提供平台，微信朋友圈、微博等为用户转发新闻提供平台，等等。

对新媒体来说，用户是一个个活生生的个体，一切创新的出发点都是为了取悦用户。一个选题好不好，一个栏目好不好，点击率才是唯一的评判标准。一项技术的采用与否，也在于是否能对用户的留存和生长带来益处。

套用一句流行的话，用户这个鸿沟的存在是因为传统媒体和新媒体的基因不同。正因为这种基因上的差别，传统媒体和新媒体在运营方式上也是不同的。因此，新媒体运营的核心思维就是用户思维，只有抓住用户，才能在新媒体运营中走出一片天地。

以用户为中心最能嗅到钱的味道

在互联网时代，以用户为中心，即人流、物流、资金流，才最能嗅到钱的味道。用户需求不外乎 16 个字，听说读写、吃喝玩乐、琴棋书画、生老病死。在网络自成系统，亦即物联网时代，这些需求以更精准、权威、有用、实用的服务呈现给用户。只有立足需求才拥有市场，而在这 16 个字中起到贯彻作用的是金钱支付系统。

离得最近的、直接嗅到钱的味道的就是互联网金融。新商业文明的本质是创新、互利以及承担责任。新商业文明的一个突出特征是，经济不再以企业为中心组织，而是以价值网络为中心组织。社会企业就是价值网络。

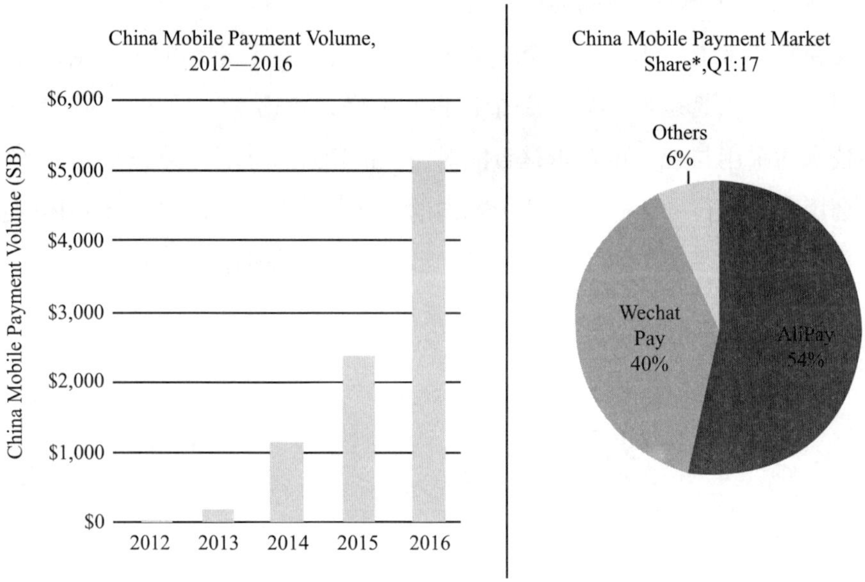

2017年，有“互联网女皇”之称的玛丽·米克尔在美国Code大会上发布了2017年的互联网趋势报告。报告数据显示，随着近几年的移动支付场景的完善和植入人心，中国2016年移动支付规模呈快速增长态势，一度突破5 000亿美元；在市场份额方面，2017年一季度支付宝达54%，微信占到40%，而小额支付的引入，逐步让更多用户接受了移动支付的模式，进而扩大市场份额。

从上面的数据可以看出互联网金融的魅力和诱惑。事实上，互联网金融是2013年最为热门的细分领域之一，从支付宝、余额宝到供应链金融，从P2P借贷、众筹到比特币、理财服务，互联网和金融这两个最为活跃的领域融合到一起，吸引着大家的眼球。例如，腾讯在互联网金融方面最大的收获当属微信支付的快速发展，使其在移动支付成为新的引领者。

细思，互联网金融的快速发展正是基于“以用户为中心”的观点。互联网金融有两大入口，一是交易场景，二是消费场景，而这两个场景都是以人为核心，为用户服务的。

2003 年，淘宝网以解决买卖双方信息不对称的问题而创立，但在淘宝购物和售货的人有限，因为买卖双方彼此都不信任。直到支付宝出现后，电商才有了很大的发展。随着社会化仓储与物流体系的完善，出现了金融服务，使得电商发展速度越来越快。在如今数据金融服务爆发的时期，将会有越来越多的垂直平台开始做数据金融服务。

消费场景是互联网金融的另一入口。消费场景在过去主要是线下消费。不知大家是否发现，如今线下很多实体店已经不存在了，除了房子和汽车等比较大的商品需要在线下体验后才能成交外，整个商品端业态都逐步从线下走上了线上。

另外一些就是偏服务端的消费场景，例如餐饮，必须到店消费。当然，随着外卖平台的出现，餐饮也在慢慢地从线下走到线上。但在线下消费时，移动支付已经变成一种主要支付方式。

总之，互联网金融的入口是离钱最近的消费场景和交易场景，围绕用户各种需求，以用户为中心，最能嗅到钱的味道。新媒体运营人要时刻以用户为中心，不断去挖掘用户需求。

‖ 新商业生态与用户习惯

希拉里曾两度竞选美国总统。2008 年，希拉里参加美国总统选举，并曾在民主党总统候选人初选中大幅度领先，但最终败给了伊利诺伊州的联邦参议员贝拉克·奥巴马。奥巴马成功当选后，提名她出任国务卿，她最终成为美国历史上的第三位女国务卿。2015 年 4 月 12 日，希拉里正式宣布参选 2016 年美国总统大选。2016 年 2 月 2 日，民主党初选希拉里首战险胜桑德斯。7 月 26 日，她被正式提名为美国民主党总统候选人。2016 年 11 月 9 日（当地时间 11 月 8 日），美国大选投票结果揭晓，希拉里败选。且不论希拉里胜败如何，我们先看一组很有意思的照片：

这两张照片分别是 2008 年和 2016 年希拉里在竞选总统时拍摄的，这组照片其实是商业变化和用户习惯变化的真实写照，为什么？ 2008 年，希拉里在

竞选总统时，她的支持者或者粉丝都争先恐后地希望走近她，跟她要签名、拍照、合影，而在 2016 年，却变成了另外一个状态，大部分粉丝不再走近她、靠近她，而是把希拉里当作自拍背景，发到朋友圈或者一些分享平台分享。

这说明了什么？2016 年以前人是圈子的中心。自 2016 年移动互联网迅速发展后，圈子的中心变成了一部手机，一个掌上设备。这就是新商业生态带来的变化之一。

商业业态的四个阶段

阶　段	商业业态	关键点
第一阶段	企业与用户业态	➢ 有没有 ➢ 需要关系 ➢ 话语权在企业
第二阶段	产品与用户业态	➢ 好不好 ➢ 供需关系 ➢ 话语权在产品
第三阶段	内容与用户业态	➢ 美不美 ➢ 价值关系 ➢ 话语权在品牌
第四阶段	人与用户业态	➢ 妙不妙 ➢ 链接关系 ➢ 话语权在用户

企业与用户业态是商业的第一个业态。主要表现为需要关系，所有的话语权都在企业方。市场经济时期，商业业态的第二阶段是产品与用户业态。话语权在产品，人们的关注点是产品到底好不好，价格是否合理，是一种供需关系，相对来讲是平等的。第三个业态是内容与用户业态。此时某一领域或某一行业会出现品牌，用户购买产品时，关注点是产品的性价比或附加值，所以，产品的话语权在于品牌。第四阶段也就是未来，将是人与用户的业态。话语权在于用户，而非企业、品牌或者产品本身。未来，产品本身的属性、功能等已经无法满足用户需求，用户考虑更多的是产品妙不妙，关注点在于链接、链接点。

未来，就是人与产品链接，人与人之间的链接，产品与产品之间的链接。

随着人工智能的发展，未来生活一定是智能化的。作为新媒体人，我们就要考虑，未来商业业态的变化需要我们做出哪些改变？作为企业家、创业者或者职场人我们要改变什么？

那么，随着商业业态的改变，用户习惯又发生了哪些改变呢？用户获取信息的习惯是什么？以前，用户一般通过书籍获取信息。后来，出现了新的信息载体，用户开始使用收音机。此时，我们接触的信息量变成电台，我们接收的信息点也变成电台，信息接触面变得更宽广。电视出现后，人们通过视觉收获信息。随着智能手机、无线网、移动互联网的发展，用户通过一部手机就可以获取所需信息。也就是说，未来我们要关注的是，所需信息要从什么地方来，到什么地方去。用户在什么地方，你就应该在什么地方。

无论是创业者、企业家、还是职场人，我们需要思考三个问题：

- 这些变化的业态、用户习惯给我们带来了哪些挑战？
- 这些变化带来了什么机遇？
- 我们应该做什么？

在这个变化的时代，很多企业出现一些困惑，例如为什么用户不买单了，为什么用户越来越不相信企业了，等等。对于创业者来说，到处是红海，而蓝海却很难再找到。对于职场人而言，新生代人群走进职场，“80”后成为职场的主力军，“90”后正在慢慢向上升。未来企业的体制、机制、生态将是平台加合伙人的模式，雇用关系将会变成合伙关系或合作关系，这些变化都会对职场人带来巨大挑战。

面对众多变化及挑战，我们要如何做？以往无论是企业还是职场人都习惯于被动接受，不会主动去展现自己，去关注新事物或者改变事物。现在，我们要主动出击，即要敢于走出去，敢于去接受新的事物，敢于接受新的挑战，努力展现自己，靠自己的人格、魅力、观点、知识走向市场。在市场上找到你的声音，让用户认同。积极参与到商业活动中，用个人魅力、观点进行强化营销。

‖ 敬畏用户，“互联网＋”时代的核心思想

互联网时代，信息生产和传播的方式发生了变化。信息不再是由某些人制造，而是我们每个人都是信息的源头。更为关键的是，在整个信息产生和传播的过程中，“人”已经取代了信息成为核心。因为人是核心，所以“用户思维”成为互联网思维的核心。

以用户为中心，对用户心存敬畏之心不能成为一句空话。有一段关于雷军的段子：“雷军想占领客厅，他忽略了他的发烧友大部分根本就没有厅……”意思是用户的要求改变了，产品体验跟不上，用户流失就会很严重。同样体验要求提升容易，降低就难了。一旦对手把体验极大提升，立马用户也会流失。

用户体验是动态的，是在用户使用产品过程中建立起来的感受，是一种纯主观的感受。有时候你以为一直抓住了她，实际她的心早已溜走。这警示我们新媒体人对市场动向对用户要时时心存敬畏！需求在哪儿，产品就在哪儿。关注用户体验、关注用户需求才能赢得市场。

那么，到底如何掌握用户思维呢？

➢ **心里想着用户，时刻保持警醒**

在内心深处，要清楚地认知：无论我们多么资深和老练，无论我们做哪个行业、处在什么岗位，在内心当中都要承认和谨记，我们的思维和用户思维是有差别的，并对用户和用户思维保持谨慎、警惕、敬畏。在产品设计、运营推广等各个环节，要去反思是否真正体现了用户思维，心里是否时刻装着用户。

➢ **不断提高用户思维**

用户思维不是天生就具备的，也不是随随便便就能掌握的，而是需要不断积累、调研。这要求我们随时随地观察和思考，仔细体会和分析某个产品和业务设计得是否得当，是否体现了用户思维。

例如，加油站卖矿泉水。有车的人应该注意到，当在加油站加油的时候，加油机旁边一般都堆着各种成箱矿泉水，加油站工作人员也会顺便推销。那你是否想过，加油站为什么要卖矿泉水？其实，这就是用户思维的体现。

首先，车主有成箱采购矿泉水的需求。在加油站，精准用户成群结队地找上门来。其次，在路边便利店或大超市等其他场景下，采购成箱水并不方便。要么当时没开车，要么车停得较远，运输很麻烦。而在加油站，销售场景最为完美——商品与消费者、商品与车辆近在咫尺。

➢ **到产品当中去，增加使用场景**

新媒体产品一般是坐在办公室进行策划、设计的，有时候设计者自己反而不怎么用，这是很容易出现问题的。最好的方法是设计者自己使用，在不同的场景下去使用、去体验，才能真正解决客户的需求。

以百度导航为例。几年前，导航软件在提示驾驶员前方路口右转时，语音提示是这样的："前方 500 米红绿灯路口右转"。这种提示听起来很明确，距离和方向都告知了，对于驾驶员来说应该没问题。但当你实际开车使用时就会发现，很难准确地判断"500 米"处。有可能提前右转，或者走过了路口。因此，现在右转提示语一般为："前方 500 米第二个红绿灯路口右转"，并且，在经过第一个路口时会提示"正在经过第一个红绿灯路口"。这样的提示，准确性提升，用户体验自然增强了。

敬畏用户，不但要找到用户的真正需求，另外我们也要意识到掌握用户思维的确很难。一是由于人的知识和经验作祟，人一旦获得了某种知识或经验，就很难体会没有它的感觉。二是人们普遍是没有耐性的，常常凭直觉、下意识作判断。敬畏用户，还要用心对待每一个产品，拒绝虚假内容，因为用户的眼睛是雪亮的。

在新媒体机遇面前，作为新媒体人，要永远记住用户，敬畏用户，感恩用户，不断改革创新，才能走得更远。

‖ 以用户思维保证"用户黏性"

"用户黏性"这个词语的使用同样始于新媒体时代，有学者将其定义为吸引和保留消费者的能力，是在互联网上表现用户和服务者之间某种关系的强度指标。传统媒体称之为"忠实读者""忠实观众"，无形中显露出媒体的高高在上和驯服思维，而"用户黏性"则多了平等的意识，甚至俯下身服务的思维。

新媒体时代，"用户黏性"表现出两个维度：

- 使用频率，互动深度

比如一个 App 是否经常被打开，用户是否深入其中；一个公众号是否经常被打开阅读，用户是否有互动，等等。

- 迁移可能性

迁移可能性即用户是否会长期使用此产品，而不会迁移到其他竞品。

这样说来，"黏性"两个字其实非常传神，好的产品会像有吸引力一样，让人不得不经常用，而且离不开它。如果不把产品仅局限在互联网上的话，那么我们生活中像手机、WiFi 等都是典型的黏性超强的产品。

大家可以思考一下，影响"用户黏性"的因素有哪些？一个产品想要有较高的黏性，必不可少的一个因素就是：建立在真实的需求之上，而且需求越硬越好，需求频次越高越好。除了有真实需求外，还要求产品真正有用。例如，更便捷地吃上放心的午餐是很多白领的真实需求，这是硬需求，因此出现了很多外卖、订餐 App。但是如果无法保证服务质量，出现等待时间长、不好吃、菜式少等问题，就无法满足用户的需求，自然也无法产生黏性。所以，另一个必要的因素是真正有用，真正解决问题。

真实需求并且真正有用，一般来说就有一定价值了，但是有价值未必就有黏性，市场是巨大的，竞争是激烈的，不免会出现替代产品。这就产生了两个因素：转移成本和可替代性。如果产品转移成本低，就很难形成较高的黏性，因为当用户发现更好的产品时，就会毫不犹豫地离开，例如一些教育 App。

此外，用户的使用体验也会直接影响一个产品的黏性，不好的体验只会把用户赶到竞争对手那里去，更别说黏住用户了。那么，怎样才能保证“用户黏性”呢？

首先，找到用户的真实需求，其次对用户真正有用，再次用户体验更好，最后一个就是提高用户的“转换成本”。

所谓“转换成本”，是指新媒体用户离开产品时，所要承担的损失。用户使用新媒体平台和产品时，会付出相应的时间、精力和社交等方面的成本。对于用户来说，舍弃这些平台和产品，就等于抛弃了以往的付出，并且舍弃付出可能带来的收获。其中，最具影响力的是用户付出的社交成本和培养的习惯。因此，要提高新媒体用户的“转换成本”，增强“用户黏性”，就必须注重培养用户的消费习惯甚至是生活方式，并且让用户与其他用户之间建立起深厚的关系。

什么是习惯？说白了就是固定时间，用固定的方式做固定的事情。习惯带给人安全感，会在脑海中不断加深，甚至改变生活。我们要做的就是将产品变成用户生活中的一部分。例如要吃饭，打开大众点评，或者美团外卖；要打车，使用打车软件。

但是，当产品本身与生活需求不是直接相关的时候，如何养成习惯？那就想办法提炼生活场景，塑造与之相关的内容，直到养成习惯。

此外，针对新媒体运营者而言，提高“用户黏性”，可以更加侧重于感性因素。新媒体运营过程中，能够建立产品与用户之间的情感关系，赋予信息产品更多的社会价值，从而增强“用户黏性”。重视用户体验，充分考虑用户的习惯、喜好、需求，站在用户的角度，为用户解决问题，不断提升新媒体产品的“用户黏性”，你就会得到你想要的一切。

‖ 痛点、好处、感觉，用户思维的核心秘诀

说到用户思维，大家都在谈如何抓住用户的痛点。其实，一切产品和服务都是道具，关键是要搞定用户的内心。如何搞定客户的内心呢？你需要比用户更了解用户，给予用户震撼的价值感，让用户成为你的粉丝。要做到这一点，除了抓住痛点，还有两个秘诀，好处和感觉。

➢ 痛点

从用户的痛苦入手，哪里有痛苦，哪里就有市场！所谓痛点，就是刚性的、可以量化的需求，用户对其有强烈的感触。所以，一旦抓住了这个痛点，便有了和用户进行互动的切入点，有了搞好用户关系的通行证。例如，罗辑思维每天语音播报，帮用户评书、选书；“河森堡”袁硕的直播，为观众讲解实实在在的“干货”……

有些新媒体运营人可能会有疑问，很多新媒体输出不像家用电器、药品等，能有什么功能？其实用户的无聊就是痛点，对新生事物的求知欲是痛点，对娱乐八卦的好奇心也是痛点……那么我们的新媒体能否给他们解决这些难题？或给予一定的思考引导？例如，一个公众号，只做微信营销的文章输出，那么它也解决了很多从业者学习的痛点。一个职场类公众号，不仅输出职业规划、岗位工作心得、职场人士分享，还具备企业招聘、内推的功能，那么它也解决了大部分职场新人的痛点。

➢ **好处**

只有深入了解用户的痛苦，你才能给予用户最直接的好处。在这个时候，情怀是工具，产品是工具，服务也是工具，用户不太关心你的产品，关心的是你能够带给他们什么好处。

➢ **感觉**

好处有了，更重要的是你要让用户感觉爽，所以良好的用户体验是必须的。感觉就是理性背后的感性，严谨逻辑之外的趣味，以及带给用户的愉悦。用户感情是脆弱的，他们在使用产品过程中可能会碰到许多问题，产品更应该为用户引导，解决问题。支付宝与微信的用户情感维系就非常不错。

曾经火遍朋友圈的拍照应用“足记”就是很好的例子。在同质化严重的拍照类 App 里，仅仅靠功能性的叠加、体验性的升华，已经远远不够，足记就牢牢抓住了“拍出的照片像电影大片”这样一个让用户欲罢不能的痒点（感觉），进而创新打磨，最终大获成功。拍照的确是一个痛点，针对这个痛点，市面上很多 App 都提出了诸如“美颜”“P 图”之类的解决方案，而足记则从趣味性和带给用户的愉悦感入手，另辟蹊径，从另一个维度上实现了逆袭。

火爆一时的“足记”

抓住用户的感觉，让用户觉得新颖、有趣、好玩，是我们新媒体人不得不面对的一件事情。遗憾的是我们往往就会落入理性逻辑的限制中，很难发现更多的维度，没能把用户想象成一个具体的人，一个有着喜好和厌恶的活生生的人，这样当然就不可能为他们带来趣味和愉悦的体验。

美团 CEO 王兴多次提到“下半场”这个概念。他认为，未来移动互联网的发展将进入下半场的竞争，过去那种依靠流量红利来爆发的机会将不复存在，下半场我们需要做的是基于用户之上的精耕细作，让体验性有一个质的飞跃。只有如此，才能在日趋激烈的竞争中保有一席之地。

面对移动互联网的下半场，作为新媒体运营人，我们必须抓住用户思维的三个秘诀：痛点、好处、感觉来一一应对，让用户去享受你的产品，对每一次的使用都充满期待，激发他们对于产品的信任和依赖。只有如此，才能真正抓住用户的心，实现产品价值的最大化。

社交思维，让用户参与进来

根据维基百科的定义，社交媒体也叫社会性媒体（social media），跟商业媒体不同，它利用互联网技术和工具，在人群间分享信息和讨论问题，通过不断地交互和提炼能够有效地对某个主题达成共识。其影响速度、广度和深度是任何其他媒体所不能比拟的，而且几乎不用任何花费。

社交媒体和传统媒体最大的区别在于，社交媒体的内容都源于用户，而非媒体，即我们常提到的 UGC 媒体，是用户创造内容的媒体。社交媒体平台方只提供一个平台，而后制定各种规则，增加各种功能，维护好秩序，用户就会自发参与进行内容的创造和分发。目前来说微博和微信是国内最大的两个 UGC 媒体平台。用户参与创造内容，这是社交媒体受人青睐的一个原因。

社交媒体已不仅仅是销售产品或服务的渠道，如今还是聚会交流的空间，并且成为用户体验的一部分。社交媒体通过让他们成为成员，参与活动，分享自己的内容，获得成就感，从而获得盈利。例如一些视频网站，很多人看视频不是看节目，而是看弹幕评论，网络直播也是这种情况！一些媒体平台比如搜狐，过去完全是自己生产专业内容，现在过渡到社交媒体，就是为了获取用户参与。

大家最耳熟能详的用户参与案例就是小米。小米之所以能够在一夕之间引爆智能手机市场，一是得益于其高性价比的产品，二是离不开对社交媒体的成熟应用。彼时，微信微博等社会化媒体正处于一个高速发展的阶段，这不仅使得信息的传递速度加快，而且也让用户参与口碑传播的成本急剧下降。很多人通过小米的相关微信微博大致了解品牌之后，也会自发传递品牌价值，跟随小米一起玩转粉丝经济，而这也大大调动了用户的积极性，让品牌的传播效率实现了最大化。

那么，小米用户可以参与哪些环节呢？用户可以参与内容策划、生产、传播及评价，甚至共享利益！参与感方面小米是做得最好的，米粉参与手机研发、传播甚至销售！利用社交媒体让用户充分参与到产品的各个环节，这就是用户思维的极致表现。

分享成为社交媒体另一个让人狂喜的功能和特点，没有分享就没有热度、没有分享就没有关注、没有分享就没有用户。有学者甚至说，分享这个功能是社交媒体最伟大的一个功能。用户能分享就意味着你的营销内容是用户喜爱的，你的品牌是用户喜欢的，你的产品是用户喜爱的。用户能参与创造内容，就意味着你此次的营销内容是开放式的，你此次的营销内容是用户愿意参与的。

所以，分享和参与就是社交媒体营销最本质的内容，也是最核心的内容。每一个人都渴望得到别人的认可，所以，再没有比传播自己的内容还更有驱动力的方式了。新媒体能让用户在参与过程中，将一成不变的产品信息打上自己的烙印，进而再次传递。

如今的用户对产品和服务的需求不再停留于功能层面，更想借此表达自己的情感，渴望参与到供应链上游活动（如采购、设计甚至制造）的决策中。参与感是用户思维最重要的体现，让用户参与，能满足用户“在场介入”的心理需求，抒发“影响世界”的热情，满足其对存在感、成就感、归属感的渴求。

真正的用户参与就是与用户积极友爱互动，真诚沟通，融入用户当中，和用户打成一片，把用户当成朋友，让用户发自内心地喜欢你。创新来自用户需求，用户会帮助你进步，并不断地改善企业的产品和服务质量。而后我们又能更好地服务用户，这样就形成良性互动的企业与用户关系。

互动重要，但如何互动更加重要。

2014 年肯德基成功进行了一次颠覆性的营销，让消费者决定其两款产品的去留，这在传统餐饮品牌的营销历史上是绝无仅有的。肯德基的这次营销创新之处就在于采用了与粉丝深度互动的策略。

在此次活动中，肯德基开通了全媒体多渠道的沟通平台，消费者不但可以在肯德基餐厅轻松投票，还可以通过专门的网络通道进行投票。此外，肯德基的官方微博、微信都开通了专门的讨论专区。代言人陈坤和柯震东也借助各自的号召力，通过自媒体平台进行拉票，还参与到全国十几个城市的粉丝召集活动中，现场进行拉票。

最终，活动累计收到超过 2 000 万张的投票。不管是基于产品层面的消费者参与，还是基于营销层面的品牌互动，这都符合互联网思维中的用户思维。在互联网时代，如果我们所有的努力不能取悦于粉丝（消费者、用户），那一切投入就是打水漂，市场的话语权真正地回到了消费者手中。

再看看那些成功企业的创始人：小米的雷军、黄太吉的赫畅、阿芙的雕爷、快书包的徐智明，红味坊的丙哥……每一个创始人都曾亲自在一线回复和解答微博疑义，和用户打成一片，忙得不亦乐乎。黄太吉的赫畅先生甚至公开说，别扯什么微营销了，老板能坚持在微博上回复用户一年，就没有做不好的社交网络。

思 考

请根据社交媒体的特征，根据您的实际情况，做一个用户参与的策划方案。

‖ 入口 + 时间，未来商业的基础

有句话说："得入口者得天下。"入口的重要性不言而喻。作为最重要的流量引导通道，它决定着服务提供商生存与发展的重要资源——用户流、信息流、业务流、应用流、资金流等。因此，无论是互联网时代、移动互联网时代，还是智能互联网时代，行业巨头们从未停止抢占入口的战争。入口之争由来已久，却又愈演愈烈。

所谓入口就是用户寻找信息，解决问题的方式。对于互联网而言，搜索引擎就是互联网的入口，网址导航提供与搜索引擎不同价值的入口。QQ 是一个中国互联网的怪胎巨鳄，拥有最完整、最真实的社交网络，但因为没有广泛输出价值，所以现在还不算入口。浏览器作为用户访问互联网的重要工具也成为入口，而操作系统则是整个链条中最大的入口。

用户从入口找到各种充满想象的信息与解决方案。获得用户认可的入口，就有机会成长为这个行业的巨头。搜索引擎与网址导航向用户输出价值，所以获得了成功。QQ 向自己的产品线输出了大量资源与用户，获得了成功。微软通过 Windows 系统这个最大的入口，获得了在办公软件与商用领域的成功。

延伸阅读

《智能互联网入口之争》
文章来源：网络

以直播为例，目前来看，直播是一个非常强而且很热闹的场景。但是直播入口非常昂贵，因为直播的带宽费用高昂，这是硬成本，而且在直播中变现的方式也很少，主要就是观众打赏。

直播的另一种变现方式，是依靠电商平台。现在所有能变现的电商都集中在天猫以及京东，为什么？因为天猫、京东本身就是一个电商平台，直播只是一种技术手段。而现今比较火的直播平台，花椒、映客是无法通过电商直播销售大量商品的，所以这是直播平台的一个困境所在。从这点来看，直播平台是场景热闹，入口昂贵。

但是为什么还是有很多巨头一直在布局这个场景呢？因为它的流量大家有目共睹。一旦抓住这个机会，有了成型的商业模式后，前期的布局就会产生指数级放量和增长，那个时候就是去收割，收获的时代了。这也体现了用户思维的一个核心观点，就是谁离用户近，谁就拥有定价权，谁就拥有流量的最终所有权。

说到这点，不得不提生态型企业，生态型企业的典型代表是亚马逊。如今的亚马逊已经无法清晰定义它是一家什么样的公司了。亚马逊拥有超强的数据能力，有数据、云计算、程序化的购买方式。而且亚马逊未来还将推出自有品牌的零食和自由品牌的洗涤用品。为什么亚马逊能够做到？因为它有数据做支撑。这是垂直整合形式跨界，数据为其提供了更高维度的前瞻性。亚马逊从最开始的专注于图书交易的一个电商平台，发展到了如今涉足电商、硬件、内容、IP、云、互联网等全领域的生态型的企业。

亚马逊从创业之初的一类企业发展到今天的生态型企业，经历了五个阶段。

1995 年亚马逊还在卖 DVD，后来做机顶盒，摸索出门道后，又开始做内容。

2008 年亚马逊创办了流媒体网站 Prime Video，买下大量影视版权。

2010 年亚马逊成立 Studios，发力于原创影视内容制作。多年以后，亚马逊在视频领域的尝试获得了非常大的成功。

2011 年，亚马逊推出 Prime Instant Video，把原创剧集打包放在 99 美元的 Prime Instant Video（会员即时视频服务）中，靠大量免费的影视剧吸引用户办理会员。“会员都办了，总要买点东西吧”，这也顺应亚马逊“再多卖出一件商品”的终极目标。

2016 年亚马逊推出 Fire TV，一举在机顶盒市场站稳了脚跟，影视内容原创也获得了各种奥斯卡大奖。亚马逊创造了一个不同于电视行业靠“订阅 + 广告”的方式盈利，自带电商基因的亚马逊展现了商业模式的另一种可能性。

入口 + 时间是未来商业的基础，从这个维度上看互联网已经演化成了一种真正的工具，逐渐被用户所用。总之，平台争的是用户，拼的是资源、人才、体验，最终还是得用户开口说话。用心改进产品，为用户考虑，善用入口为用户提供服务才是正道。

想象力，强大“入口”的基本原则

在入口理论中，有一个幂次法则，即真正带来流量的用户，大部分都是不能带来现金收益的用户，真正可以带来现金收益的用户，只是占极少一部分。既然入口很重要，那么，作为新媒体运营人，要怎样找到入口、建立入口呢?

建立入口的一个基本原则就是创造想象力。《乌合之众》中有这样一句话：“掌握了影响群众想象力的艺术，也就掌握了统治他们的艺术。”

➢ 如何创造想象力

- 建立饥饿感

建立饥饿感就是通过建立想象力，创造用户的饥饿感。例如苹果手机，就是典型的通过饥饿营销的方式创造想象力的。猫捉老鼠的案例可以很好地说明这一点。猫为什么捉老鼠呢? 因为它能想象到捉到老鼠之后的场景——老鼠一定很美味。

- 建立神秘感

建立神秘感，就是用户永远不知道下一步会有什么。经典代表是杜蕾斯、百雀羚等品牌广告，它们其实就是建立了一种神秘营销的方式。

延伸阅读

《杜蕾斯天才创意广告，你能看懂几个？》
文章来源：网络

- 极简原则

所谓极简原则，就是提炼简短有力的词语。一个产品的主题广告语，能用几个词讲清楚，就不能用一句话。

➢ 如何建立入口

- 低门槛策略建立入口

低门槛策略建立入口主要有微利、免费、负利三种方式。微利如限时促销。免费就是把有价值的产品和服务免费提供给用户。小米、360、共享单车、滴滴等都属于负利模式。

- 高门槛策略建立入口

与低门槛策略相对的就是高门槛策略，主要有两种方式。一是邀请制，不对用户对外开放。例如开心网，必须邀请你，你才能获得。得到 App 也属于邀请制。只有他觉得你的内容有价值，才会邀请你。另一种方式是会员制。美国著名超市 Costco，是全球唯一一家不靠商品差价盈利的超市，而是靠会员盈利。如果你想购买商品，首先要成为 Costco 超市会员，交纳年费 199 美元。但是 Costco 超市的商品超级便宜，因为他的渠道价格就是最终的商品价格。

第四章
产品思维，新媒体运营的关键点

营销达人李叫兽有一个观点：“一切皆产品，一切皆媒体。应该让媒体产品化，也应该让产品媒体化。”所以说，互联网最核心的部分就是产品，有产品思维注入的产品，会让人在体验的过程中感觉舒爽，反之，让人忍不住想要舍弃。

媒体产品即内容，用产品思维生产内容

传统媒体时代，内容为王，后来又渠道为王。事实上，在新媒体时代，内容为王固然重要，但只有简单的初级内容产品远远不够，因为这也是一个产品为王的时代。

产品即体验，体验即内容，内容即传播。如何定义内容呢？内容是包罗万象的，可能包括产品的名称、包装、使用场景、购买渠道，以及产品的周边，比如衍生出来的影视、游戏、玩具等，都属于内容，而这些都是可以传播的。这也验证了媒介即信息的观点。

前面我们提到过小米、黄太吉等企业的营销，发现在所有的传播当中，内容和产品之间是没有清晰分明的界限的，做产品本身就是在做内容，它的内容就是产品本身所传递出来的一个个细节。所以，小米副总裁陈彤才提出了“媒体产品即内容，用产品的思维来生产内容”。要考虑用户喜好什么内容，什么样的内容能让用户参与、互动，什么样的内容能让用户传播。把内容替换成产品二字同样成立。

例如速途网，定位互联网行业社交媒体，通过新闻、电子商务、搜索、企业、营销、游戏、安全、SaaS、无线等频道（或说是子产品）为对关注这类信息的受众群体提供服务，比如及时报道行业重大事件、企业信息发布等。再如

美食自媒体公众号“餐饮老板内参”就是典型的产品即内容型媒体。“餐饮老板内参”的内容主要以案例分析和行业资讯为主。内容一般通过采访、调研获得，时效性强，更新频次较高。

“餐饮老板内参”最初只专注于餐饮这个垂直市场，以媒体为中心，为餐饮及其产业链的高价值用户提供有“含金量”的原创内容。内参 14 人的团队中有 12 人均专注于内容创作。通过内容“打天下”，内参逐渐尝到了“甜头”，吸引了很多餐饮企业寻求合作，合作内容包括原生广告、硬广投放，品牌推广策略制定，线下活动举办，等等。这也逐渐成为内参的主要盈利方式。与此同时，内参的订阅用户已飙升至数万人。

2014 年，“餐饮老板内参”联合国际排名第一的策略研究机构尼尔森，成立了国内首家餐饮消费数据研究机构“舌尖数据研究院”，并牵手美团点评，通过两年的沉淀，四个月的研究分析，出版了《中国餐饮报告》，对中国餐饮业的消费数据进行了全面系统的分析。

公众号

餐饮老板内参

当然产品是有好坏的，用户也是很挑剔的，这更要求媒体产品对内容精雕细琢。总之用户希望看到什么内容我们就生产什么内容。在互联网时代，内容和产品是相辅相成，并驾齐驱的。一条好内容，没有好产品来推广，或者一个好产品，却没有一条好内容，其糟糕程度是一样的。就如今日头条的广告：你关心的，才是头条。这恰恰说明互联网时代以用户为王，内容和产品都是为了用户服务。

当然，对媒体来说，内容依然是很重要的。用产品思维生产的内容、真正有料的内容，才会真正聚集起一批人士。需要注意的是，在新媒体时代，表面上看似人人都有了表达内容的渠道，其实有质量、有深度、有观点的内容依旧缺乏。因为并不是所有人都有充足的时间、精力和扎实的基本功来做这件事的。即使做了写了往往也仅仅是浅浅的口语化观点。

现在很多很火的产品，如分答、知乎、罗辑思维，产品价值的核心在于优质内容的输出。

延伸阅读

《做内容的你，知道内容消费有哪几种形式吗？》
文章来源：人人都是产品经理

内容可能是一个基础，但还有很多其他形态，例如技术方面，好的内容需要有好的交互、好的产品、好的运营，媒体人掌握后才能更好地推进相关内容的展现。对媒体人来说，一定要了解或懂得内容和技术的配合，如何将内容最明确地呈现在用户面前，要了解目标用户的心理需求、喜好和触媒习惯，生产出用户喜闻乐见的内容。总之，一个优秀的媒体人一定是一个产品经理。

揣度用户的心思，同情用户的痛楚，让用户很容易找到并乐于接受，让用户很舒服地使用，最后并能不断改进自己的产品。这就是产品思维，这也是互联网时代内容生产的原则。

‖ 用户为什么会卸载你的 App

App 作为移动互联网产品的典型代表之一，自 2009 年诞生便突飞猛进地增长和发展。2015 年 1 月份的数据显示，以 Android 系统为主的 Google Play 应用商店，App 数量超过 140 万。而 2015 年 7 月份的报道数据显示，苹果 App Store 应用商店里的 App 数量已超过 150 万。

随着近几年我国移动互联网的发展，智能手机迅速普及和用户的海量增长，新的 App 更是层出不穷。然而，面对如此繁荣的 App 市场，你手机里留存的 App 又有多少呢？据有关调查数据显示，大部分被下载的 App 的使用率和留存率都相对较低，“用一次即抛”逐渐成为用户的行为趋势。而且，数据显示移动应用 App 的生命周期平均只有 10 个月，85% 的用户会在 1 个月内删除已下载的应用。社交类 App 竞争最为残酷，死亡率达 35%。

那么，用户为什么会卸载了你的 App？其背后的原因有以下几点：

➢ 后期维护与改善跟不上

很多 App 产品只注重眼前利益，仅放在了前期用户的快速积累和圈钱方面，而在后期对用户的维护和产品功能的更新和改善上缺乏重视。

➢ 产品同质化

App 同质化产品众多，用户需要从中选择一个尝试使用，这就意味着用户会暂时放弃其他同类型 App。如果第一次使用体验失败，那么用户便会永久抛弃这款 App。所以，用户也在不断体验尝试新 App，定期清理不喜欢或不会长期使用的 App。

你是否有过这样的体验：当你在搜索具有某个功能的 App 时，首先打开查看的一定是那款让你感觉很漂亮的；下载后，如果一旦发现注册登录很麻烦，往往就会放弃使用，直接删除；使用过程中，发现根本就不是自己想要的，功能达不到预期，跑流量、耗电快、占内存、不流畅，推送消息、广告太多，太烦人了，也会删除；想套取隐私，比如一款修图产品读取地理位置也会删除。

用户体验好，用户才会成为长久用户。不断提升用户体验才是正道，例如 QQ 针对不同人群需求，陆续推出了 QQ 国际版、TIM 等软件；微博为了照顾部分用户，也推出了微博国际版，侧面缓解了手机内存压力的用户，赢得不少赞赏。

➢ 功能繁杂，给用户带来不便

很多 App 在开发之初往往功能很单一，专注于解决某一问题。例如脸萌、足记，很多用户都是因为其中的某一功能而热爱。但随着产品的使用，开发者在升级产品的过程中过于追求产品功能的丰富性，结果本来很好用的 App，反而给用户造成困扰。把好端端的产品做成了大杂烩，使用越来越不方便。这样的 App，用户的选择只有一个，那就是删除。

从产品思维的角度出发，一款 App 的开发以及后续的升级，一定不要忘记初心。App 是要给用户解决什么问题，任何新业务、新功能的开发都要围绕这一点来进行，不可舍本逐末。作为产品本身，要考虑为用户解决了什么。当用户觉得这款 App 可有可无的时候，离卸载还会远吗？

例如墨迹天气，最初只是一款简单的天气预报 App，在后来的升级中，添加了社交和互动的功能，但这个社交功能并不是盲目的，而是基于产品自身设计的。墨迹天气鼓励网友自拍周边的景色（天气状况），上传到 App 服务器，与大家分享。这样的功能升级不但不会引人反感，而且会引起用户的兴趣。有用又有趣，用户还会卸载吗？

一款好的产品若想留住用户，不但要能够真正满足用户的需求，还要维系用户群之间的感情。如支付宝与微信的用户情感维系就很好。产品用户人群是有一定的文化基础与爱好兴趣的，他们渴望结交同类人群，渴望被他人关注。微博、Facebook、微信等产品的成功就是如此，它们已然转化成为人们日常生活的一部分。用户感情是脆弱的，他们在使用产品过程中可能会碰到许多问题，因此产品更应该为用户引导，解决问题。

除了维系用户群之间的关系，产品还需要维系平台与用户的关系，平台对于用户来说是什么？比如知乎，面对来自百度贴吧的压力，竟然脱颖而出，打造出一款高质量的问答产品。知乎平台对用户来说，是可以随时为自己解惑的高质量产品。所以，如何运营才能留住用户，是我们新媒体运营人必须认真思考的问题。

思 考

- 你是怎样知道知乎的？（知乎的推广渠道）
- 你为什么会经常打开知乎？（知乎的用户价值）
- 当你遇到问题时，为什么会想到去知乎上，而不是百度、微信等找答案？（知乎的存在价值）
- 你为什么会去知乎上提问？（知乎的内容运营）
- 你为什么肯在知乎上花费几个小时的时间去码字？（知乎的内容运营）
- 在知乎上，你为什么会去关注一个人？（知乎的社交互动）

媒体产品化，产品媒体化

我们先引入一个案例：可口可乐的“歌词瓶”。

2014年夏天，“阳光总在风雨后”“你是我最重要的决定”“我和我最后的倔强”“一生一起走”“随风奔跑自由是方向”等几十款流行歌曲歌词被印在可口可乐的瓶身和易拉罐上。据可口可乐公司提供的数据显示，仅当年6月份，“歌词瓶”带来可口可乐整个汽水饮料销量的增长高达10%。

实际上，早在2013年的夏天，印有“喵星人”“小清新”“吃货”的可口可乐“昵称瓶”就红遍了中国的大街小巷。可口可乐不但收获了口碑，同时收获了销量，可口可乐的市场团队还赢得了业内多项大奖。

“昵称瓶”代表了人与人之间身份认同或风趣打招呼的一种方式，“歌词瓶”则是一种深入的情感表达与双向对话，两者使包装本身成为一种“自媒体”。

随后，可口可乐利用明星、意见领袖在社会化网络上的活跃度和影响力，引发普通消费者的好奇心。例如，潘石屹就晒出了送给任志强的定制版“由我们主宰”的可口可乐瓶，两人互相调侃，煞是热闹。然后，再通过社交媒体引发活跃粉丝的跟进，进而利用社交媒体的扩散作用影响到更多普通消费者。可口可乐的官方微博同时出现与“歌词瓶”相关的内容，比如，让粉丝说出自己最喜欢的歌手的一句歌词等，这些都为产品上市做基础。2014 年 5 月 19 日，可口可乐开启了转发微博加上“# 可口可乐歌词瓶 #”标签并 @ 一下小伙伴就有机会获得一个专属定制瓶的活动。之后一系列的热点话题传播中，例如高考、毕业季、世界杯、七夕情人节等，在可口可乐“歌词瓶”随处可见。

音乐可以入耳。可口可乐在瓶身印制二维码，消费者用手机扫描瓶身上的二维码即可观看一小段音乐动画，并在社交媒体上进行分享，形成一种新的享受音乐、分享音乐的形式。每瓶可口可乐歌词瓶都可以让消费者分享与瓶身上歌词相关的音乐表情符号。

以音乐和歌词作为载体，可口可乐抓住了国人含蓄的特质，把包装做成会唱歌的瓶子。可口可乐可谓是将媒体产品化，产品媒体化做到了极致（媒体产品化：音乐二维码听音乐、看视频；产品媒体化：“歌词瓶”包装）。

可口可乐的“歌词瓶”使媒体产品化，产品媒体化了，按照李叫兽“一切皆产品，一切皆媒体”的观点，我们分别分析一下。

➢ 媒体产品化

什么是媒体产品化呢？顾名思义，新媒体其实就是一个产品，它能解决用户明确的需求，而不单单是信息发布平台。例如，新媒体“凯叔讲故事”，其作用就是代替父母给孩子讲故事。还有“谷阿莫”，它的服务就是将一个电影用五分钟讲清楚，为用户节省时间，增加用户的谈资。这两个服务与其说是媒体，不如说是产品更为贴切。

再比如锤子的手机发布会，产品发布会就是一个信息发布平台，但从一定意义上说，也是一种新媒体。一般的产品发布会就是发布自己的新产品，给产品做个广告而已。而老罗的锤子发布会搞得却像一场个人秀一样，光门票收入就几百万。对锤粉们来说，他们有近距离接触老罗的需求，这场发布会就是一个满足他们需求的产品，而不仅仅是一个广告平台。

目前比较火热的付费经济、知识付费等，其实都是媒体产品化的表现。产品化的媒体能够形成某种触发——平时可能把它忘了，但是一到了某个时候、某个情景就会想到它。

媒体需要产品化，以对特定人群需求进行服务。每一个媒体人都应该有这种意识，即我不是生产细碎、多变的信息产品，而是为了提供精神产品，来解决某个问题。比如，经验丰富的新闻大牛，如果要开发一个写作课，就要根据受众需要组织实用性和系统性内容，全新编辑安排讲课体例。如此内容才能成为一个优良产品，具备持续的商业价值和生命力。

➢ 产品媒体化

产品媒体化的意思就是产品本身也可以像新媒体一样，自带信息、自带传播分享功能。实际上，我们在媒体、广告文案上用的所有技能——反差感、社交币、营造视觉感、绑定关注圈等，都可以用到产品本身，让产品也能提供内容、带来流量、引发传播。可口可乐的“歌词瓶”就是如此，江小白的“表达瓶”也是如此。

2016年，江小白“表达瓶”引爆了江小白的整个品牌。扫描瓶身上的二维码，会出现一个H5游戏，叫“我有一瓶酒，有话对你说”。点击“我要表达”，可以根据用户自己所在场景和想说的话，输入表达内容，并DIY背景卡片，提交。用户可以在朋友圈分享自己制作的外包装，页面标题就是“江小白的文案，其实是我写的！！！”。从这一刻开始，所有的小伙伴不仅仅是江小白的消费者，同时也是内容提供者、设计者。通过这种方式把用户端获取的内容再返还给用户，这个时候江小白和用户之间的互动就加强了。帮助用户成长，用户在这一刻可以真正在情感上和江小白成为好朋友。江小白的瓶身成了超级自媒体。

有人认为产品媒体化大致上有两层含义。一是“产品即媒体”。媒体是指传播信息的媒介，产品（包括实体产品和虚拟产品）本身具有天然的媒体属性，互联网则放大了产品的媒体属性。二是“产品即信息源”。围绕一款产品，以消费者需求为中心制造话题，将产品打造成新闻事件的信息源，主动给新闻媒体喂料。

例如，前几年大火的健达巧克力蛋，一半包含美味的牛奶可可酱，搭配包裹可可酱的松脆可可球，可使用内附的勺子享用，既方便又卫生；另一半则包含了充满惊喜的奇趣玩具，同时分为男孩款、女孩款，内附玩具大都是系列，比如变形金刚系列玩具收集。健达巧克力蛋几乎拥有了一个媒体的所有特点：

- 提供内容——相当于订阅了变形金刚的故事
- 为其产品带销量——刺激小朋友为收集卡片而买更多巧克力蛋
- 引发传播——小朋友们相互比拼收集，传播量绝对不是一般策划能比的

这就是一个成功的产品媒体化的案例。所以，有些时候，我们要学会转化视角，用产品经理的方式去做新媒体，用新媒体的方式去做产品。这样你就会发现，一切皆是产品，一切皆是新媒体。

延伸阅读

《2016，新媒体不是媒体》

文章来源:知乎　　原作者：李叫兽

‖ 用产品创新应对大众审美疲劳

无论一个产品最初多么受欢迎，不可否认的是，时间久了用户就会对它产生审美疲劳，用户永远喜欢新的体验。因此，需要对产品不停地进行创新。但这种创新不是颠覆的，而是在本质保持一致的基础上，进行产品周边的创新。根据消费者需求、社会时间变化，对产品功能进行增补替换。

我们下载的 App 几乎每隔一段时间就会升级更新，比如微信七年间（截至 2017 年 4 月）进行了 55 次迭代，但是微信的迭代更新始终坚守即时通讯的核心社交需求。虽然后期向平台和入口方向转变，但产品的本质（连接人与世界）是不变的。因此，在 1.0 ～ 6.x 的迭代过程中，微信 80% 的精力都是在把“通讯”这个需求做到极致。其中包括：

微信 1.0–3.0：陌生人社交

2011- 微信 2.0——插入语音

2011- 微信 2.3——查看附近的人

2011- 微信 3.0——摇一摇、漂流瓶

2012- 微信 4.0——地理位置分享

2012- 微信 4.0——朋友圈

2012- 微信 4.2——视频聊天

2013- 微信 4.5——扫一扫加入群聊

2013- 微信 5.0——语音直接录入

2014- 微信 5.4——微信内搜索

2014- 微信 6.0——小视频

2016- 微信 6.3——群红包

……

每一次产品推出之后腾讯都会着手下一版本的研发，有些功能甚至在前一版本就已经想出来了，但是为了用户体验会推迟到下一版本中。正是因为这些迭代创新，微信一直稳稳占据着手机 App 的一席之地。

什么是迭代创新？迭代创新，从数学概念“迭代计算”和软件开发“迭代模式”演变而来，是一种产品开发的方式和模式。著名企业家、创新工场董事长兼首席执行官李开复说：“先向市场推出极简的原型产品，以最小的成本和有效的方式验证产品是否符合用户需求，然后再结合需求迅速添加组件。”这是基于迭代创新的做法——如果产品不符合市场需求，最好能“快速而廉价地失败”。

迭代思维说起来很简单，就是快和重复，但是如果要运用真正的迭代思维需要做的还远不止这些。快是迭代的必然要求，重复不过是迭代的表现形式，迭代的真正内涵是升华，是积累，是总结，是量变到质变再到量变的过程，每一次迭代是站在新的起点上的再开始。对反馈信息的总结是迭代过程中的重点，没有反馈、没有总结，迭代出来的结果跟迭代前没什么本质的区别。

当然，迭代创新也并不是越快越好，而是需要一个恰当的频率，而且要由用户需求来确定。例如，米柚论坛是小米发烧友的重要阵地，是小米产品反馈信息的重要来源：小米鼓励和引导全体工程师泡论坛，与用户交朋友；用户提出的意见和建议被认真聆听、科学采纳，用户获得参与感；企业高层也会利用微博、论坛等与用户沟通，进而通过这种有温度、有感情的沟通交流得到大量有效信息。

在与市场高频互动的过程中，把概念做成产品，不断调整完善，最终实现快速成长，这就是迭代创新的思维。用户是测试和使用产品的人，是产品开发不可缺少的一部分，这也是迭代创新的思维。

互联网时代更需要在迭代中创新，这既是一种产品开发模式，更是一种思维，它可以成为我们每一位新媒体人的创新思路。

延伸阅读

《从产品迭代角度来看今日头条的发展》
文章来源：简书　原作者：萧允

让用户记住你的产品

任何产品都有自己的优势，那么，在你使用的产品中，你是否记住了这些产品的卖点？

在信息爆炸的今天，产品传播渠道碎片化，用户每天接触的新鲜信息太多，而用户的时间、注意力越来越少。如果你的内容角度不够新奇、例外和有趣，那么就很难引发大家的关注和传播。

有数据显示，2016 年我国 App 数量超过 1 700 万个，2017 年公众号数量超过 2 000 万。那么，新媒体运营过程中，面对如此众多的新媒体产品，如何让用户记得你，并且使用你呢？

➢ 让用户以条件反射的方式记住你的产品

移动互联网最早的产品，比如优惠券，出现在手机上的主要原因就是在麦当劳、肯德基消费时，用户会条件反射地想到需要优惠券。

通过场景让用户记得你，用户到某个特定地方想到用你的产品。比如开车想到导航软件，找美食想到大众点评，订火车票想到 12306，打车时想到打车软件……都属于场景式条件反射。如果某款产品让用户产生了这种条件反射，那么，就等于赢得了用户，因为用户记住了你的功能，记住了你的产品。

大家是否还记得，2016 年 8 月 10 日 22：00，神秘的淘宝二楼打开大门，《一千零一夜》上线。第一集《鲅鱼水饺》一上线，便在朋友圈引起了一阵刷屏。在玄幻的氛围下，关于鲅鱼水饺的故事在夜色中铺陈开来。这个格调大受消费者欢迎，深夜的美食诱惑自然地转化成了实打实的购买力，短短几个小时，鲅鱼水饺的销量就达到了 7 000 份。按一份 80 个水饺的量来算，已经相当于此前这个店铺两年的水饺销量。从此，很多人也记住了鲅鱼水饺，记住了"夜淘宝""淘宝二楼""淘宝一千零一夜"。

"居然追广告成魔了""养成了一本正经追广告的习惯""真的是第一个坚持追的剧……告诉别人说我在追广告总感觉怪怪的"，这是一千零一夜栏目下的部分评论。淘宝一千零一夜用内容开辟了一个"夜间黄金档"，用户来淘宝真的不仅仅是为了来买东西，还可以是来追剧，甚至是追广告。用优质内容带来高黏性用户，真正打造了一个让人欲罢不能的产品。

观看视频

一千零一夜之鲅鱼水饺

视频来源：优酷　淘宝二楼

➢ 有场景，抓住痛点，让用户记住你

在用户场景中加入痛点来包装产品信息。当用户处于痛点发生的场景中时，产品信息就会适时地出现在用户脑海中，痛点场景出现得越多越普遍，回忆出产品的概率就越高。与传统的声音刺激记忆相比，场景记忆的效率要提高 3 ～ 10 倍，能让用户一下子记住产品。

根据一份对消费者消费的研究报告，大部分用户不会在首次的产品信息接触中产生消费欲望，通常需要 5 ～ 8 次的心智接触，用户才会对一个产品产生消费冲动。如果这 5 ～ 8 次的心智接触都是靠买流量来实现，那么成本将会是巨大的。所以使用场景痛点宣传法就能免费实现这 5 ～ 8 次的心智接触，从而降低成本。

需要注意的是，利用场景痛点宣传法让用户记住你，场景痛点发生的频率要足够高，这样效果才会好。

➢ 有差异，用户才能记住你

打造差异化产品，让用户一眼看中你。例如神州专车将自己与滴滴、普通出租车区分开来，追求差异化的服务，走专、精、高端路线，成为很多用户

的首选。社交媒体探探，基于用户地理信息，主打年轻群体的社交，为大学生群体青睐。比如 vivo 手机定位爱自拍的年轻女性群体，华为手机定位商务男性群体，奢侈品定位高端消费群体，这些都是打造差异化产品的例子。

推荐阅读：2016 虎嗅新媒体最佳营销案例榜单

TOP 1　宝马：《该新闻已被 BMW 快速删除》H5

TOP 2　味全：被玩坏的“拼字瓶”

TOP 3　Keep：首支品牌宣传片《自律给我自由》

TOP 4　腾讯 X 故宫：《穿越故宫来看你》H5

TOP 5　滴滴顺风车：联合彩虹合唱团推出《春节自救指南：回家篇》

TOP 6　SK Ⅱ：《她最后去了相亲角》女性话题营销

TOP 7　杜蕾斯：《不存在的 Air 概念店》谈论哲学问题

TOP 8　即刻 App：特朗普“Twitter 信息”生成器

TOP 9　美宝莲：Angelababy 直播两小时卖 10 000 支口红

TOP10　陌陌：《做一只动物》呼吁年轻人回归本性

➢ **有个性，让用户欲罢不能**

个性化最主要的就是私人定制。用户喜欢什么，就给什么。每个人的潜意识都是以自我为中心的。对于产品来说，一切功能、逻辑、UI、交互和内容甚至运营都需要围绕用户的自我意识展开，而个性化要解决的就是这个问题。

比如 App，每个用户对 App 的需求不一样，因此每个用户使用的都是不一样的 App。以新闻客户端产品为例，推出订阅以及栏目自定义功能，能够让用户自由地选择浏览的内容。甚至某些 App 还会利用机器算法，为每个用户推出不同的内容，从内容上来满足个性化的需求。

我们要让用户体验更加个性化，给用户自主展示权，这样可以提高他们使用 App、网站或者产品的热情。

打造爆款产品，才能脱颖而出

什么是爆款产品？百度百科对爆款产品的定义是指在商品销售中，供不应求，销售量很高的商品。我认为爆款产品就是拥有很好的用户体验，能够让消费者“尖叫”的产品。这些爆款产品自带流量，可以激发消费者自发分享，甚至积极参与销售和服务，比如曾经火爆一时的拍照类应用“足记”，以及现在风头正高的健身类应用“keep”“薄荷”。这些产品在他们用户的眼中可谓是现象级的，在使用产品的过程中，用户获得了巨大的享受和成就感，并且乐于分享出去，最终打造出了所谓的爆款产品。

对于新媒体运营来说，内容产品是一种特殊的产品。营销内容或者运营内容的人，不论是顺热点、顺势，还是通过自身持续的运营，都能产生一些爆款的内容，这是一个现实的追求和目标。

爆款内容会让用户“忍不住”去传播。但是，爆款内容不仅仅是在迎合大众的审美，而是从用户的需求出发，在内容的市场环境中找到突围的机会。要知道，用户每天都会接触到很多很多内容。其中，那些能让用户触动，并付出成本（转发分享，消耗时间跟关注）的内容都是一种特别的存在。

这些内容得具有差异性，可能是展现形式新颖（不仅仅是不一样），也可能是质量最优，这个差异会让内容相对容易从众多内容中突围而出。比如在朋友圈红极一时的杜蕾斯的强热点、咪蒙的爆文、宝马的广告推文，这些内容因为差异性在短时间内被大量传播。

爆款产品或内容一旦产生，就会产生一种竞争壁垒，后来者往往会被当作模仿者，反而加深了用户对之前产品或内容的关注。所以，一旦某个内容需求点被占领了，其他的内容想要抢夺用户关注度需要花费的成本就会更高。

那么，爆款产品火内容到底是如何产生的？从产品思维的角度来看，爆款产品的产生，首先是产品本身必须过硬，产品真的好是最基本的。其次，还需要具备以下几个条件：

➢ **从众心理**

具有大销量的产品，从少数用户知道并消费，到更多用户参与购买，这个过程中很重要的销量刺激因素是从众心理。从众心理可以激活更多潜在用户加入到购买的队伍中。制作一些能够触动从众心理的素材有助于激发用户的从众心理。限时限量抢就是很常见的一种方式，它营造一种很多人都在“哄抢”的现象。这也就是我们熟悉的饥饿营销法。

从众心理的运用还可以延伸到口碑传播方面，因为用户的口口相传，会刺激潜在用户加入购买人群，从而使产品的影响更大，甚至能催生一款现象级的爆款。比如说可爱到发芽的夹子、超萌小黄鸡的夹子，当时在大街小巷和网上都火爆了一遍。

➢ **自带 IP**

很多爆款产品或内容的产生都建立在自有 IP 的基础上。比如每一次 iPhone 的推出，都会造成很大的传播和影响，果粉们连夜排队抢购，主要原因就是 iPhone 自带 IP。IP 关注度的产生，实际上是一个持续打造品牌或者流量的过程。

2016 年江小白整整霸屏一年。江小白频繁地出现在各种青春影视剧中，从陈坤的《火锅英雄》到孙红雷的《好先生》到黄磊海清的《小别离》到邓超的《从你的全世界路过》到朱亚文的《北上广依然相信爱情》到各种网络剧……一句句应景的江小白语录植入，一个个恰到好处的产品或 LOGO 植入，江小白把影视 IP 玩法把玩得出神入化，品牌热点不断急速升温，品牌得到极大的关注，获得了巨大流量。

还有一些互联网产品往往会通过创始人的形象，打造出一种能够快速吸引流量的 IP。有的爆款是基于过往的爆款，形成系列产品，在持续的系列运作过程中形成一个新的 IP。

➢ 撬动社交传播

产品如果能借助一些激励机制，引发社交关系的传播，也能打造出爆款。这需要切中用户的社交需求，不管用户是为了炫耀，还是为了填补内心的空虚。激活社交的传播会让产品顺着关系链越传越广。

2017 年 2 月，星巴克的官方微信公众号上线了一个新功能“用星说”。用户可以通过“用星说”给自己的好友赠送咖啡或者礼品卡，还可以在“留下祝福”页面附上文字、照片，或是一段视频，把用户的心意传递给好友。接收到礼品卡的好友可以直接在星巴克店铺使用。一时间，“谁来请我喝杯星巴克？”成为很多人在微信朋友圈转发“用星说”时的发文。

“用星说”为什么打造了爆款？因为它成为了一种社交咖啡。商品和礼品之间隔着一个情感的距离，就像分享和社交之间隔着一个互动的步骤。我们点开卡券收获的不只是一杯咖啡，还有满满的心意。如果送礼仅仅是为了实用，那还不如把买卡的钱直接发红包。我们之所以挑选礼品，是因为该商品的情感价值超越了利益价值。因为有了情感价值，咖啡也就不再只是一杯咖啡。这就是“用星说”用心的地方。

➢ **内容的内在引爆力**

爆款内容之所以爆款，就是因为它有引爆力。爆款内容的打造同产品打造一样，要做到内容差异化、价值化、个性化，然后再配以持续的运营。例如，一些内容持续地通过漫画的方式去展现，还有一些内容通过音频去带给用户不一样的感受。典型代表就是公众号夜听。

打造爆款产品，让产品流行起来，关键还要找到引爆的那根导火索（可以是某种情绪、生动的故事）并点燃它，让线性的传播升级为网状，从而在短时间内吸引大量关注。

延伸阅读

《打造爆款产品的10大罗盘法则》
来源：36氪　作者：贾伟

好产品用数据说话

毫无疑问，这是一个大数据时代。在这个时代，无论是数据的获取、收集、整理、清洗还是分析，数据都成为一种新的影响力。大数据时代，谁能更好地挖掘和运用用户数据，谁就能在互联网竞争中更高效地增强产品对用户需求的匹配能力，更优雅地为用户提供走心的产品。

我们比较熟悉的“个性化推荐”就是基于大数据分析的结果。对用户的历史行为数据进行深层兴趣点挖掘，将用户最感兴趣的物品推荐给用户，从而做到千人千面，满足用户本质的信息诉求。

由于每一个用户都有自己喜欢的内容和类别，当我们根据用户的兴趣倾向进行推送的时候，效率肯定会更高。一些资讯 App 一天推送 10 次、20 次，甚至 50 次信息，不断给用户推送其感兴趣的消息。这种推送和用户接受程度决定了个性化推荐在这个时代成为可能，这是数据分析利用的一个非常典型的案例。

从产品角度来看，数据分析到底有什么意义呢？企业利用数据挖掘技术，分析用户的个人特征、媒介接触、消费行为甚至是生活方式等找出目标用户，然后对广告信息、媒体和用户进行精准匹配，从而达到精准营销的目的。

➢ 辅助产品完善

随着大数据技术的发展，如今用户的所有使用数据、行为，几乎都是记录在案的。企业想知道什么，瞬间就能分析出来。对于一个 App 产品，用户点击了几下，点击在哪里，什么时候点击的，甚至在什么地方点击的，点击之后又做了什么，产品设计者都一清二楚。用户平时用不用这个功能、怎么用这个功能，也都一目了然。

对于产品设计者来说，这是至关重要的数据。基于这些数据，产品设计者就可以进一步改善产品。

实际上，存在很多小的功能点，用户的体验就建立在这些小的功能点上。这些小的功能点的使用情况成为我们每一步转化的关键。以注册流程为例，一般需要手机验证，发送验证码是其中一个关键的转化节点。当用户点击重新发送的次数激增时，可能意味着这个功能点存在一定问题。通过对关键指标的监测，我们可以及时发现问题并及时修复，从而改善用户的体验。

对于已经上线一段时间的产品，会需要不断更新，添加新功能。产品重新上线后，需要评估新功能的效果，是否满足用户的核心需求，能否给用户带来价值。而这些都需要大数据技术提供支持。所以说，在产品的整个流程中，大数据的主要作用就是为设计者提供支持，让产品能够更好地满足用户。

从产品方面来看，大数据的应用主要体现在三个方面：一是精准定制产品，通过对大数据的分析，企业可以了解用户需求，进而定制个性化产品。二是精准信息推送，避免向用户发送不相干的信息造成用户反感。三是精准推荐服务，通过分析用户现有的浏览和搜索行为数据，预测其当下及后续的需求，由此开展更精准和更实时的推广。

➢ 用户留存

互联网环境下，用户在产品上的交互行为很多。我们可以通过分析用户的行为对用户进行分类，然后根据不同群体的特征进行精细化运营，促进用户回访。以论坛为例，用户在论坛上的行为包括访问、回复、评论、发帖、转发、分享等。对用户的每一类行为建立行为指数，例如根据用户的转发、分享等行为建立“传播行为指数”。通过这些行为指数对用户分类，然后给不同类型的用户制定不同的运营策略。

- 客户数据创造价值

在数据的数量和质量达到一定程度后，数据本身就会产生价值。你知道全国最熟悉老百姓消费习惯的是谁吗？是淘宝。你知道拥有最全面的个人信用信息是谁吗？是支付宝。因为所有这些行为（消费、交易）都发生在一个平台上，而这个平台又有所有数据的记录，因此这些数据就产生了巨大的价值。此时，大数据本身已经成为产品，可以输出有价值的内容。而且这些大数据提供的内容完全可以创造出新的产品。

- 客户数据产生关联营销

新商业社会的一个核心内容就是大数据的运用，这不同于传统的商业社会。通过数据挖掘，能够在金融、食品、电子商务、司法，以及环保等各方面进行预测和监控。通过精准的数据挖掘、数据分析，以及需求分析，可以将更多的营销策略实施起来，使得效果分析、评估更加有效。

延伸阅读

新媒体运营第一课——大数据分析
来源：搜狐 友君大讲堂

如今数据的价值越发重要，也得到更多认可。用数据说话成为产品是否优秀，运营是否成功的有效佐证。新媒体人一定要将数据分析培养成为潜意识行为，掌握一定的数据分析工具，从而优化产品，实现精细化运营，进而实现用户和业务的增长。

第五章 营销思维，新媒体运营的决胜点

移动互联网时代最大的特征就是连接，连接也是最大的红利。万物互联彻底改变了人们的生活方式，改变了人们的交互模式，也打破了原有的营销生态！微博、微信，手机 App，知乎、头条、脉脉……新媒体平台层出不穷。改变营销模式，借助新媒体平台创新营销模式，是新媒体运营的大趋势。

‖ 移动互联网时代，习惯推着营销变

移动互联网重构了我们的生活、学习、工作、购物、阅读等行为习惯。网上购物、公交车上学习、随时随地阅读，已随着移动互联网的到来成为现实。网上支付（微信支付、支付宝、网银支付）已成为用户习惯。这些变化推动着企业营销方式的改变。

在传统媒体时代，人们更多的是被动地接收信息。但是在互联网时代，尤其是在移动互联网时代，随着搜索技术的发展，人们越来越多地主动搜索使用信息，变成了信息使用者。同时，社交媒体的兴起使得人们有了更多的自由表达和分享的空间。人们表达、分享的过程其实就是一个信息生产、传播的过程。因此，在移动互联网时代，消费者集信息的生产者、使用者、传播者三重角色于一身，这样的角色使得消费者的话语权得到前所未有的提升。所以以用户为中心对企业营销尤为重要。

那么，在互联网时代，企业营销方式是如何变化的呢？实际上，企业营销进入互联网后，经历了从短信到微博，到独立应用，再到微信等四个阶段的变化。

企业进入移动互联网的历程

➢ 短信

相信大家对垃圾短信肯定深恶痛绝。按照互联网协会2006年第一次手机短信情况调查，中国手机用户平均每周收到8.29条垃圾短信。据英国《经济学家》周刊网站2014年11月的报道，中国的手机用户比世界上其他任何地方的手机用户收到的垃圾短信都多。2013年，他们收到的垃圾短信超过3 000亿条，将近每位手机用户每天收到1条。在北京和上海等大城市，平均每位用户每天收到2条垃圾短信，即每人每年超过700条，占到了所有短信的五分之一到三分之一。与之相比的是，美国人2011年收到了45亿条垃圾短信，而发送的短信总量超过了2万亿条。

这些短信实际上就是企业营销的一种方式。效果其实也是很惊人的，有一些企业的统计报表显示，通过这些短信的来电来访常常能占到40%左右。

➢ 微博

短信时代后，微博大行其道。微博仿造了美国的Twitter（推特），推特使得每一个人都成为了媒体的主角，每一个人都成为自媒体。微博的广告性使企业纷纷地建立了官方微博账号。

➢ App 时代

自从 2007 年前 iPhone 的发布引入了 App，催生了 App Store 生态系统。尤其是最近五年，App 已经完全压倒了 Web，成为最主要的互联网服务载体。自此，企业进入了 App 时代。

智能手机的出现使得每一个企业都希望拥有自己的 App，从而能够抢占用户的桌面。但是，App 也会很快过去。因为 App 软件生态系统过于繁杂，对人们使用时间的占用也已经达到了极限，用户使用的 App 基本已经固定，不会再随意下载。尤其是随着即时通讯消息平台、聊天应用的强势逆袭，聊天机器人以及类似微信公众号的 bot 程序开始动摇 App 的统治力。

可以说，在 App 时代，只有少数企业利用 App 取得了营销上的成功。

➢ 微信

随着微信的崛起，微信营销为企业营销带来了一条新路。微信营销的效果是有目共睹的。很多企业注册了微信，包括订阅号、服务号、小程序等，每一个企业都希望在微信上占据一席之地。但是作为一个企业，如果想让自己的微信公众号在众多的竞争对手中脱颖而出，需要付出更多的努力。

短信、微博、App、微信，这是企业营销一路走来的四个阶段，直到今天，这些营销手段都同样有效，只是各自的侧重点不同。微博具有媒体性；微信基于好友圈，具有精准性；自媒体及企业独立 App，也占据一席之地。

这里，微信和微博是企业最常用的两种应用，那么微信营销和微博营销要如何选择呢?

用户对微信营销信息是主动关注、主动获取，信息的传播更加精准，用户忠诚度较高，可以为企业带来再次消费与口碑效应。虽然传播速度相对慢，但影响却极深，信任度高。微信也有自身的缺陷，首先，微信官方对于营销的态度相对谨慎，动不动就封号；其次，微信营销的手法也相对较少；最后，粉丝与粉丝之间难以互动、聚集，难以形成社区或社群。

而微博营销可以实现病毒式几何级传播，具有传播时效性高，信息覆盖度广，信息实时交互等特点，而且营销产品工具种类繁多。从这个角度上说，微博更适合打造企业品牌和推广。微博营销的弱点是营销影响的粉丝与目标客户关联性较低，粉丝的黏性欠佳，活跃度低，僵尸粉和机器转发行为普遍存在，这些都降低了微博营销整体质量。

所以，微信营销和微博营销各有千秋，都有自己的优势和不足。当企业面对这些媒体时，由于每类媒体都有效，企业就可能都要使用，这就出现了宣传矩阵。每种营销方式都有各自的特点：

媒体	特点
微信	弱发布、展示 强推送、互动
微博	弱互动 强发布
App	强展示 强关联 弱发布
H5站	强展示 强发布
短信互动	强实时 弱发布

总之，对于企业来讲，用户的行为习惯发生了改变，那营销传播也应该随之而变，从产品、服务，到渠道终端、沟通方式都应该随之转变。各种智能设备的出现使产品有了本质的改变，电商、微商的出现让渠道有更多可能，而新媒体也改变了传播方式。这些就是新技术、新观念带来的变化！

‖ 移动互联网时代，拥有名字、统一入口、整合营销

移动互联网时代，新媒体平台呈现出平台多样化、平台分散化的特点。例如，视频平台，除了我们熟知的爱奇艺、优酷、土豆，还有百度、腾讯、搜狐，等等。再如直播平台，比较知名的有花椒、斗鱼、哔哩哔哩，等等。还有各种电商平台，如淘宝、京东、亚马逊、唯品会等。自媒体也有各种自媒体平台，如企鹅自媒体、微信公众平台、今日头条、一点资讯等。

对于这些新媒体平台，企业都会有一种主要的应用方式，但是在这种主要的应用方式下，又不是一家独大的。每一个平台都不能舍弃，哪怕只是带来非常细微的流量。这就是平台分散化带来的结果。

因此，如果说在互联网时代，一个企业进入互联网的过程是注名字、建网站、做推广，那么，在移动互联时代，这个过程就变为注名字、入驻多平台，做整合推广。

➢ 企业营销困境

在移动互联网时代，企业面临着三个营销困境：

• 入口多，推广难

纵观各企业，不难发现，几乎所有企业都有自己的官方微博，同时也有企业微信公众号，有的还开发了自己的App，创建了各类平台账号，等等。于是在一张海报上，就会出现很多二维码，企业因此陷入第一个营销困境——入口多，推广难。

• 应用多，选择难

应用工具中有各种移动PPT，比如电商方面有赞商城、口袋购物；微商城方面有微场景、微盟等。营销方式有拍码关注、微分销、WiFi入口关注、团购、秒杀等各种方式。

各种名目，各具优势的应用工具、营销方式、技术承载手段、支付手段使得企业陷入了应用多、选择难的境地，很难判断在一个场景下应该选用哪一种应用方式，使用哪一种传播平台。

类别	应用举例
应用工具	有赞商城、口袋购物/微场景、微盟……
营销方式	拍码关注、iBeacon、微分销、WiFi入口、团购、秒杀……
技术承载	App、WAP站、微信站、H5站……
支付手段	微信支付、支付宝、百度钱包、拉卡拉、微POS、银联……

• 介质多，有效难

从原来的传单、短信，到现在的户外广告屏、LED大屏、院线广告、电梯广告……众多的媒体介质，若想使其有效、产生直接效果，就必须符合当前的场景，而这一点是非常难控制的。以二维码为例，二维码并不适合在广电、户外媒体使用，例如电梯广告、车身广告都是不适合二维码的。

➢ 解决企业营销困境三步法

有困境，就要有解决方法，解决企业营销困境分三步走：

• 第一步：拥有法定名称

名字本质上有三种属性：识别（每一个名字都代表了一个人或者产品）、记忆（无论是商标还是域名，任何名字都要遵循好记易记的原则）和传播（能够口口相传）。一个有趣有效的名称是传播的有效手段。

有效的名字至关重要，在移动互联网中，有效名称主要指域名。一个域名一定对应着一个 IP 地址。例如新浪网的首页，域名就是 sina.com，IP 地址是网上的地址，这符合名字是识别、记忆和传播的特性。但是，二维码并不是一个有效的名字，因为二维码并不具备识别和记忆特性。

马化腾曾经认为在超级 App 时代，域名已经越来越不重要了。实际上，域名依然有着不可取代的作用。由于平台关键词不唯一，企业在任何平台上进行传播的关键词都是不可靠的。如果企业需要在多平台上传播，就必须具备一个有效的、有法律保护的、唯一的体系，这就是域名体系。

例如，2016 年双十一期间，京东在北京的各大公交站牌上打出巨幅广告，搜索框显示“十一家电看京东”。当我们拿出手机搜索“十一家电看京东”后，发现在搜索引擎第一位的竟然是天猫商城。再如我们搜索某一品牌时，比如搜索“莫斯利安”，搜索结果中，第一条是莫斯利安的广告，但从第二条开始就是安慕希、金典等竞品的广告。显然，这不是我们希望看到的结果。

由此可见，创建独立于所有平台的名称系统是很重要的。那么，企业在宣传过程中，所使用的品牌、商标、域名一定要是在全行业和全网，以及全平台唯一的名称，这样的宣传才真正有效。

• 第二步：建立统一入口

何谓统一入口？就是将所有平台通过一个入口呈现出来。例如携程旅行，携程旅行作为中国最大的一站式的旅游出行平台，对外统一的宣传只有一个携程 App 和域名。携程展现的是一个统一的入口。无论是机票购买、酒店预订，还是门票票务都可以通过这个统一入口进行。

再如，2016 年 11 月 16 日至 18 日在浙江乌镇举办的第三届世界互联网大会，作为一项国际级会议，其官方宣布的报名入口多达八个，通过一个页面显示是无法达到宣传目的的。最终第三届世界互联网大会注册了“乌镇峰会”的域名，使得其所有的报名入口，以及官方宣传汇聚到一个页面里，统一了入口。记住，越是精准的、可操作的、可实现的宣传，越是能够起到关键作用。

- 第三步：整合营销，选择合适的宣传路径

适合的宣传路径才是最有效的。不同的宣传媒体应该有最适合的宣传路径，例如户外显示屏适用于形象广告，App 的广告联盟适用于体验类产品。而互动类广告不适合在电梯投放，因为电梯是一个密闭空间，出于安全以及隐私方面的考虑，很少有人在电梯中扫二维码。

每一种媒体并不是适合所有场景的，企业只有深入研究，不断地积累适合的营销方式和营销场景，才能够将广告费花在刀刃上，达到营销的效果。

‖ 用心找到最佳的营销广告点

在互联网时代，营销需要将各种内容进行整合，包括场景、多媒体、关系链、社会化参与度等，集合发挥整合价值才能创造更多的商业价值。因此，从商业的角度看，无论是平媒、广电等传统媒体，还是二维码、微店、手机等各种新媒体，凡是有流量、有人、有入口的地方，就有内容消费。

在这个万物互联的时代，从整体商业目的来看，企业营销实际上包括九大要点：

- 定位。根据公司战略确定品牌、用户等
- 接近
- 倾听＋对话
- 懂得分享
- 活动。各种营销活动，包括线上线下活动
- 监测。检测产品数据、用户数据、销售数据等
- 数据统计。利用大数据技术优化产品、营销及运营
- 灵活使用以上七种武器，整合各项资源
- 管理和反馈

在以上九大营销要点的基础上，怎样找到最佳的营销广告点呢？

首先分析消费者的需求，其次分析竞争者的优势，最后是产品各方面的优势，取这三点中间的最佳才能找到最佳的广告位置。而这三点的核心是共性为上。我们先回忆一个优秀的营销案例。

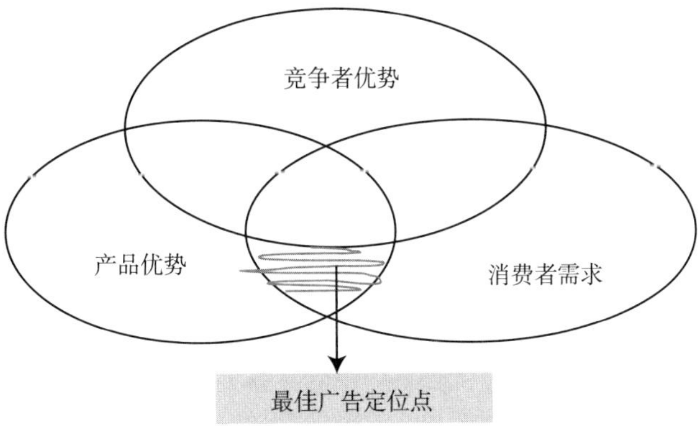

2015年，飞鹤乳业以“春运”为主题，策划了一场“爱·没有距离”营销活动，为自己的品牌做了一次成功的营销。

首先，根据腾讯提供的春运人流数据分析，飞鹤乳业挖掘出春运期间“用户候车时间长，场景化使用网络行为突出”的特点，联手移动、电信两大运营商，共享中国 30 万基站，实现城市机场、火车站、商圈等地流量全覆盖，让每个人都能在机场、候车站和商圈等地免费使用网络，拉近了用户与家人、朋

友的距离。

飞鹤又借助腾讯网、手机 QQ、腾讯新闻、腾讯新闻客户端、腾讯视频等全平台资源，推出飞鹤“爱·没有距离”活动预热宣传，成功实现了多平台立体化传播，同时也实现了互动平台的无缝隙连接。

作为承载活动的主角——腾讯手机 QQ ，则贯穿了这场营销活动的始终，持续加载飞鹤 H5 互动页面，引导网友寄送以飞鹤形象为主题的“鹤”卡，实现了活动信息滚雪球似的传播，吸引了更多消费者眼球。仅仅 10 天时间，飞鹤送出了 1.6 亿份免费 WiFi，近 300 万人向亲朋好友寄送了“鹤”卡，飞鹤“爱·没有距离”主题微电影的播放量超过 1 800 万，引发春运期间移动端互动新高潮，巧妙地将用户需求转化为品牌力量。

延伸阅读

飞鹤“爱·没有距离”主题微电影
来源：腾讯视频

有研究表明，人做决策的时候大部分的决策都容易受到情绪的控制。研究发现，有十种最能影响客户价值的动力，分别是：从群体中脱颖而出、对未来有信心、幸福感、拥抱自由、兴奋感、归属感、保护环境、成为自己想成为的人、安全感、成为人生赢家。如果产品的设计、品牌的塑造、企业宣传可以帮助客户加强以上这些情感动力，那么就会在非常大的程度上拓展该产品或品牌的市场。

微信，品牌与消费者之间的连接器

微信是继微博（互联网时代）之后最大的信息传播通道，可谓大行其道，影响之广。有关机构 2015 年的调查显示：我国微信注册用户已接近 8 亿，它已成为了移动互联网时代最佳信息互动平台。

在工业发展史上曾经有三次革命性事件，机器代替手工、电力的广泛应用和各类科学技术的兴起。而“互联网 +”时代带来了第四种变革力量　　连接力。连接力将孤立的岛屿编织成彼此互通的立体网络。构建在连接之上的创新为社会提升了服务效率，拓展了信息渠道，合理配置资源。

腾讯专注于打造社会连接器，让人人可参与创新。而微信本身就是一个很好的连接器，微信团队定位微信成为一个基础设施，通过微信可以让人与人，物与物，信息与人之间实现高效连接。实际上，微信确实在连接一切，尤其是一些品牌与消费者。可以说，微信是品牌与消费者之间创建连接的渠道。

我们做新媒体运营，最终的目的是实现商业化。移动互联网之前，商业化的模式是先做内容，将内容做成影响力，然后再获得广告收入。而在互联网时代，尤其是在移动互联网时代，这个模式已经随着渠道、内容的变化而改变。现在更多的是定制型的内容或产品，所有内容都可以实现提前营销。所以说，移动互联网在新媒体中最核心的本质是起到连接器的作用，使得再小的个体也有自己的品牌。

微信的做法是通过平台连接商家和用户，后期为商家提供更便利的连接服务。

2015年10月11日至18日，微信“摇一摇周边”联合全国及海外160多个城市、上百个品牌的3000家线下门店共同举办了一场“全民摇红包”活动。用户只需来到商家门店，打开蓝牙，进入微信摇一摇，等待“周边”出现，然后摇动手机，点击“拆红包”，即可摇取商户提供的现金红包。

和其他线下营销活动不同的是，此次“全民摇红包”活动是微信线下业务与微信红包结合的创新。此次参加摇红包活动的商户中，不乏有万达影城等知名商家。活动期间，来到万达影城，通过“摇周边”功能摇一摇，就有机会获得万达影城大礼包。万达影城通过“摇一摇周边”这种简单的产品触达用户，与其做深度互动，提升了影城的黏性。

对于用户和商家来说，摇一摇连接的商家需要用户、用户需要优惠的需求方式，已经从本质上决定了微信的连接正迎来一个化学反应的决定时期。

通过微信，商家与用户的距离变得更近。而在微信平台上，聚集了大量线下商户与用户的“摇一摇周边”，使微信成为传统企业进入“互联网+”的主要入口之一。

在微信构建的这个连接世界里，不同的用户和商家在特定环境下，均可通过连接获取到自身所需。在连接的作用下，人与服务、设备和内容源互相连接起来，开始实现互联互动，这是一种全新的生态理念。

微信提供的平台、流量、大数据与用户等资源，正好满足“互联网+”时代下商家和用户的需求。当然，这些也是这个平台构建、生存和发展的基本因素。而亿万用户和商家共同参与进来，最终让连接成为了一种生活方式。

延伸阅读

微信经济社会影响力研究中国信息
通信研究院报告
来源：搜狐

微信营销，精准锁定客户

微信营销，是以分众和精众市场为目标诉求的一种营销模式，是营销新时代的新贵。微信营销顾名思义是以微信为基础的营销，主要包括微信公众号营销和个人微信朋友圈营销以及微信群营销。那么微信营销对于企业和个人到底能起到什么作用呢？大致可分为以下几点：

- 获得海量用户关注
- 推送实用信息及广告

- 锁定精准目标用户
- 在线完成产品销售
- 维护老客户，开发潜在用户
- 塑造企业良好品牌及口碑
- 进行有效的危机公关

与传统营销相比，微信营销还具有三大突出优势：第一是快速且精准，信息内容能够快速地到达受众，而且精准性强；第二是扩散性强，传统营销或广告是一个不断衰竭的传播模式，而微信营销则会通过朋友圈不断地扩散；第三是互动性强。

那么，我们到底要如何进行微信营销呢？下面按照微信营销的三种形式分别说明。

➢ 微信公众号营销

微信公众号是进行微信营销的首选，因为微信的用户基数大，每天有几亿个活跃用户。如何在这些活跃用户中聚拢目标人群、目标用户，以实现真正的营销呢？这可以通过四步循环法实现。

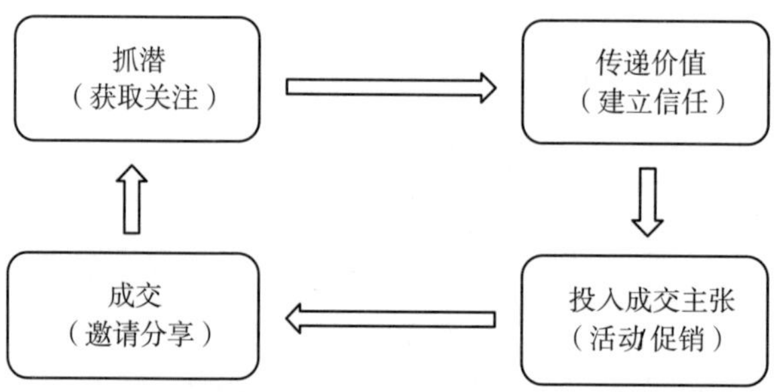

- 第一步：抓潜

抓潜即抓取潜在客户，这是获取用户关注的关键环节。企业建立微信公众号之后，就要设法获得用户关注。

抓潜最简单最直接的方式是做交换，比如关注后赠送小礼物。也可以通过为用户提供免费行业报告、有价值的录音或视频、行业专业知识、辨别产品真伪技巧，等等。让用户真正觉得有用，进而获得信任，获得关注。还可以举办一些线下沟通和交流活动，例如经验分享、培训等，在活动中插入线上活动，关注即可参加抽奖、试用、获得礼品等。

获得用户关注仅仅是开始，最关键的是与用户保持互动。利用微信签到、微信游戏、答题闯关、测试、投票、报名、团购众筹、拼团等形式留住用户。

总之，线上线下活动相结合更容易吸引一批又一批的忠实粉丝。线上线下互动后必会产生更鲜活的感情和更接地气的内容，这样的微信公众号才会显得更加真实，具有亲和力，有实实在在的价值。

- 第二步：传递价值

获取用户关注后，就要和这些陌生用户建立信任。建立信任的方法有很多，最重要的是向用户提供有价值的内容。即通过传递价值建立信任关系。微信营销传递价值的方式主要是好文案。而好文案要遵循两个方向：一是品牌方向，向用户描述价值观；二是产品方向，向用户描述服务内容，使用产品后能够获得哪些价值。

前面我们提到的杜蕾斯的感恩节文案值得我们深思。当然还有一些优秀的朋友圈广告文案，都值得我们学习借鉴。

- 第三步：投入成交主张

这是营销传播环节，设法让用户和我们进一步发生关系。节日营销就是一种重要方式。在节日活动中，很多内容自带传播属性。

2014年母亲节期间，一段《时间都去哪了》的感恩视频刷爆微信朋友圈，某公司就在母亲节期间策划了一次营销活动，将这段视频编辑成文案上传到公众号，推送给用户。然后以视频最后一句为引子："爱就要行动"，推出自己的产品，取得了很好的营销效果。

延伸阅读

2014年母亲节《时间都去哪了》
来源：爱奇艺

- 第四步：成交

一些用户由于我们的引导产生了行为，这个过程就是成交的过程，例如，产品的购买过程、使用过程、消费体验过程等。用户将这些过程分享出去，传播给更多的人，继而使产品获得更多用户的关注，这样就形成了良性循环。

这一步的重点在于用后传播，要让用户主动分享，主动宣传。那么，哪些信息自带传播属性呢？就是那些能够建立口碑的产品和内容，首先它们能够超越用户的预期，其次对用户真正有用，因此获得用户的关注和转发。

➢ 个人微信朋友圈营销

微信是一个相对封闭的社交平台，是一个基于熟人社交的圈子平台，个人微信朋友圈实际上存在三种关系：

- 强关系：同质性较强，相互关系较为紧密，掌握的信息比较趋同，如亲朋好友。
- 中关系：在强与弱的中间，社会网络有很大一部分重叠，如同事、同学、校友、老乡等。
- 弱关系：社会网络重叠较少，相互之间的关系较弱，掌握的信息较多元化，比如网友、驴友等。

我们在朋友圈营销时，要注意传播的一定是有态度的内容，可以为你的粉丝提供有价值的内容。维护精准的用户，多进行互动。发送信息要节制，不要一味地狂发产品信息，避免被拉黑。

➢ 微信群营销

微信群重新定义了品牌与用户间的互动方式。与传统营销推广方式相比，微信群营销能够知道产品被谁关注、多少人关注，什么时间、什么地方被关注，还可以与用户随时进行交流。当产品通过微信群营销推广出去并得到目标用户关注后，便可与用户达到几乎百分之百的交流，用户的黏性与精准的营销数据使微信群营销远远超过了传统的推广方式。

微信群营销属于“许可式”的，只有在得到用户许可后才能与之展开对话。这部分用户虽然可以被定义为精准用户，但是他们随时可以关闭与产品之间的互动，所以如何维持与用户的互动是微信群营销的关键。

无论是微信公众号营销还是朋友圈营销，或者是微信群营销，都离不开持续有效的运营。一句话概括：微信营销，内容为皇，活动为王，互动沟通为魂！

延伸阅读

微信营销
来源：爱奇艺

‖ 朋友圈广告，微信最有影响力的广告

2015 年 1 月 21 日，微信团队的告白预告了广告在朋友圈登场——“它是什么？——它无孔不入，你无处可藏，不是它可恶，而是它不懂你，我们试图，做些改变”，这意味着微信朋友圈广告的到来。时至今日，朋友圈广告逐渐成熟，它对品牌、用户以及企业都造成了不同程度的影响。

朋友圈广告的本质是一个大门户。企业建立内容池，把所有的需求收集起来，根据不同的内容分发给用户，对每一个分发进行精准匹配。我们的手机里经常会收到一些广告，如汽车的广告、口红的广告、手机的广告等等，这些广告可能是根据你的某一类购买行为、一些消费数据计算出来，将你定义为这一类受众人群，从而推送给你。

微信朋友圈广告的推送还具有地域性，比如，山东用户只能收到山东一些商家的推送信息，其原因是朋友圈广告推送越来越精准，用户群越来越唯一。

朋友圈有其独特的特点，这些特点决定了朋友圈的与众不同。

➢ 朋友圈广告爆发式传播

朋友圈是原生态的，支持地域性以及标签的特殊走向，其效果是可衡量

的。通过人群定向信息曝光，最终实现品牌互动，以及效果转化和社交分享指数的扩散。从传播属性来讲，是从 1 到 1 → 1 到 N → N 到 N，呈爆炸式增长。微信公众号常有 10 万 + 文章的出现，有些文章最终达到了几百万的转发，这种传播速率无疑是惊人的。朋友圈的广告图片也是一大亮点。很多广告图片能够给用户带来不凡的品位感受，还可以进行互动。朋友圈还是嫁接品牌的沟通渠道，使它越来越接近消费者，甚至未来还可能合二为一。品牌塑造是所有营销工作中的重中之重。

这就是微信朋友圈对品牌传播的影响力。据腾讯企鹅智库用户调查报告显示，大多数用户接受朋友圈广告，占参与调查用户的 87.8%。广告的热议还引发了二次传播甚至是三次传播。同时，因为好友评论可见的原因，广告变成了朋友圈内的社交平台。广告还因广告—用户匹配等问题成为社交话题，引发了大量用户参与。

延伸阅读

《浅析微信朋友圈病毒式传播的特征及成因——以“罗尔事件”为例》
文章来源：人民网

的确，微信朋友圈的社交关系具有很高的真实度和可信度。信任是连接人与人之间的纽带，而好的口碑恰恰需要建立在相互信任的基础之上。消费者相信这个品牌，自然会对它口口相传，从而使企业能够通过每一个微信的个体用户在朋友圈对产品与服务进行品牌扩大化传播，形成良好的口碑。继而一对十、十对百，迅速地传播起来。所以说，朋友圈广告是微信最有影响力的广告。

‖ 微信与 H5 的互动

2016 年，腾讯公司与故宫博物院在故宫端门数字馆举办了“腾讯 NEXT IDEA× 故宫”发布会，随着发布会的开展，一个名为《穿越故宫来看你》的 H5 动画刷爆了朋友圈。这个 H5 实际上是腾讯创新大赛报名通知，明朝永乐皇帝朱棣从故宫的画中穿越到现在，戴上太阳镜，唱着 rap，跳着骑马舞，玩自拍，发朋友圈，看着 VR，等等。H5 与短视频的结合天衣无缝，说唱与画面更是相得益彰，前端技术的运用恰到好处，这样的惊喜牢牢抓住了受众的眼球。

H5 欣赏

穿越故宫来看你
文章来源：腾讯

事实上，自 2014 年起，H5 页面就开始成为人们手机中的新贵。无论是各类基于 H5 页面开发的小游戏，如围住神经猫、2048，还是当前较为流行的邀请函、招聘公告，乃至网易、腾讯、人民网等网站开发的 H5 新闻页面，都试图通过这种以触碰、滑动为第一接触方式的页面技术向用户推荐产品、传播信息。

到底什么是 H5 呢？ H5 是 HTML5 的简称，运用该语言可以制作成我们在微信朋友圈中经常看到的，点开后可以滑动翻页、带动画特效、有音乐之类的非常精美的内容。甚至微信朋友圈中看到的各大品牌广告，全部都是用 H5 制作的，我们称之为 H5 场景。H5 集文字、图片、音乐、视频、动画等多种展示手段于一身，适合通过手机等移动端进行传播。H5 虽为编程技术，本身应用范围很广，但是被大家熟知却源于微信，到目前为止，传播的主要平台还是微信。

在微信中，H5 有四大类型：

➢ 营销活动助推型

在活动推广运营中，打造 H5 页面，包括 H5 小游戏、邀请函、H5 贺卡，甚至一些调查问卷、投票、测试题等都可以采用这种表现形式。与以往静态广告图片相比，H5 的动态表现形式，更容易抓住客户，给客户产生视觉冲击力。

以活动营销为主的 H5 要通过强互动、高质量文案、强话题性来促成用户自动分享、传播、转发。例如，在美国电影《狂怒》上映期间，大众点评为了引流，为该电影设计了宣传推广页，以测试题为主要格调，围绕选择品牌关键词，引导人们将人生当作一个大片来选择，最后一题引出了在大众点评选座看电影。该 H5 实现了一键直达功能，提升了大众点评公众号及 App 的关注度。

➢ **品牌宣传型**

这类 H5 没有太大的时效性限制，等同于一个品牌的宣传微网站。目的在于通过页面体现品牌的格调、定位，向用户传达品牌精神，进而引发用户关注。

➢ **产品介绍型**

这类 H5 页面的主题定位是产品介绍，聚焦于产品功能的介绍。这需要较强的 H5 技术，包括它的互动技术、表现力。在展示产品特性的过程中，H5 具有绝对优势，因为它可以利用音效、动画、动漫、视频等表现形式整合到页面中，使页面更加酷炫、吸人眼球。

➢ **总结报告型**

利用 H5 技术实现互动，将原本乏味的总结报告有趣生动地表现出来，例如支付宝的十年账单。对于企业来说，可用于培训总结、年终总结等，促使员工主动分享传播，对企业品牌的传播有一定的助推作用。

延伸阅读

H5四大类型及表现形式参考案例
扫码进入“BMT教育”
《商业媒体脱口秀》栏目观看课程视频

常用的H5专题页面的主要表现形式有简单图文、设置有奖方式（包括礼物、奖品、贺卡、邀请函等）、互动主题（投票、问卷调查、评分测试等）、H5小游戏等。

H5营销离不开与微信的结合互动。若想使某个H5动画能在微信朋友圈里成功，H5创意和制作人要始终站在微信用户的角度来制定H5策略，要做让用户喜爱的“广告”，用户才会分享转发，而不是靠强制性的要求和诱导。刺激用户去产生情感和欲望，这才是H5的价值。

‖ 微博营销，互联网时代的焦点

在企业营销过程中，微信和微博是相辅相成的两个营销平台，也被称为双微营销。可以说，两者各有所长。

就交流平台而言，微博使人们既可以作为观众，也可以作为发布者，没有刻意的束缚，不需要强调版面，也没有技术难度的限制，特别是在语言组织上，几乎没有要求。正是这些优势使微博成为亮点，成为移动互联网时代信息传播的焦点。据统计，目前我国微博用户规模已达 3.09 亿，成为世界微博使用人数第一大国。

相比较而言，微博的用户偏年轻化，在营销过程中，更加讲究互动和场景营造。有调查数据显示，微博的用户人群年龄在 20 到 29 岁的占 30%，10 到 19 岁的占 20%，30 到 39 岁的占 23%，也就是说有很大一部分的用户都是“90”后。由于有这么多的年轻人，微博传播的信息、话题更广泛，各种各样的信息几乎都汇聚在这里。

那么，微博对营销到底有何作用呢？

如果你经常关注淘品牌，相信一定对张大奕、大金、管阿姨等一系列网红并不陌生。特别是张大奕，她凭借自身的美貌和才华，在电商上叱咤风云，成为 2015 年搜狐时尚盛典年度电商模特候选人。她的私服搭配在社交平台上深受粉丝喜爱，淘宝店铺开业一年成为五颗皇冠店铺，店铺上线的新品在 2 秒钟内即被顾客“秒光”，月销售额达千万级。在 2016 年双十一活动中，其店铺在女装类店铺销量排名第十。微博号张大奕拥有 470 万粉丝，是个名副其实的大 V。粉丝追求时尚，认可张大奕的穿衣风格，在她店铺的复购率几乎是百分之百。

再如微博大 V 野兽派花店，从 2011 年 12 月底开通微博以来，仅凭微博上几张花卉礼盒的照片和 140 字的文字介绍，野兽派花店已经吸引了数十万粉丝，许多演员都是其常客。无独有偶，整形医生修志夫在其微博发布内容聚拢粉丝，现在粉丝数高达 279 万多人，病人来自全国各地。

这就是微博的营销作用。企业也一样，几乎所有企业都有自己的官方微博。例如宝马旗下的 MiniCooper，除了官方的“Mini 中国”外，还有经销商和车友会组织的“Mini 之家”“Mini 俱乐部”等民间微博，多层次与粉丝实现互动。东航则更加丰富，“东方凌燕”空乘微博极具感染力，辅以近百位具有高识别度的“东航机务”公务微博，使得与用户的交流层次、角度、话题更加立体、亲和。

作为避孕套界的知名品牌，杜蕾斯更是玩得一手好社交，借助微博营销，杜蕾斯可谓是名利双收。杜蕾斯官方微博的粉丝数高达 240 多万。以 iPhone7 的发布为例，借助 iPhone7 发布时机，杜蕾斯借势在微博迅速发布“This is 7?！”，配图形象生动地将 iPhone7 无线耳机和双摄像头新特性与两性话题结合，立即获得了 200 条以上的转发。太隐晦？不懂？大招接着来！一条“别乱跑”的消息让粉丝大呼文案只服杜蕾斯。最终杜蕾斯以 21 061 条转发、6 086 条评论、7 388 个点赞成功借势。再如 2017 年的感恩节，杜蕾斯在微博上一口气 @ 了 13 个品牌。

延伸阅读

感恩节杜蕾斯一口气调戏了13个品牌
来源：搜狐　休克文案

那么，微博能够给企业带来什么呢？品牌曝光、获取更多的访客和注册用户、实现用户转化、实现盈利。可以说，微博已经不是单纯的媒体平台，而是连接品牌与粉丝的网络。大量成熟企业通过微博和主流消费人群进行深度互动，保有和提升品牌在主流消费人群中的认知度和好感度的同时，也通过微博实现了渠道下沉和更广泛的用户覆盖。

那么，如何才能做好微博营销呢？在微博上，把明星、热点话题、关键词等各种元素整合到一个平台上，就可以瞬间产生强大的化学反应，这是其他媒体不可比拟的。

2016 年 12 月，海尔借助明星罗晋和唐嫣公布恋情，发布了这样一条微博：

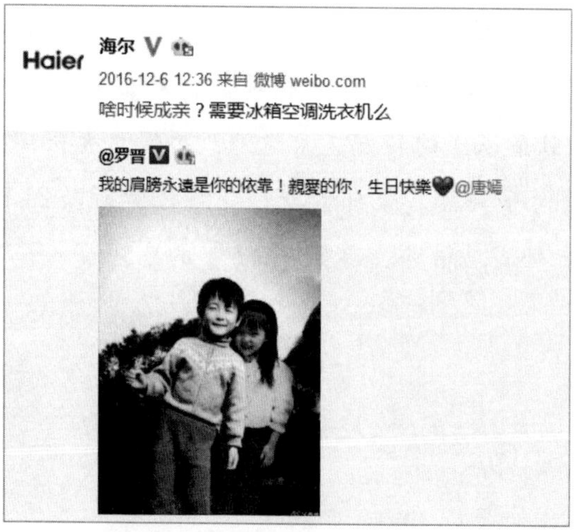

结果，这条微博使海尔登上了头条。这种营销方式所用的成本极小，但受众广、影响于无形。这样的一个活跃的、人格化的官方微博登上热点时会引起燃烧弹式的信息传播，虽然没有具体的产品导向，却可以迅速提升品牌影响力。

要想微博营销达到一定的效果，在微博营销过程中要注意一些要点：

要　点	说　明
话题	根据目标听众设定话题，分享内容
标签	好的标签可以帮助用户搜索，促进关注
善用热门话题	关注每小时热门话题排行以及每日热门话题排行，借势发布营销内容
主动搜索相关话题	整理行业中用户常问的问题，提取关键词，随时关注微博用户讨论内容，主动搜索，主动与用户互动
更新频率有规律	例如每日1～2条，也可根据实际策划制定更新频率
让内容有“连载”	每天推荐一个好作品或热门资讯，每周发布一次活动结果，连载会让粉丝的活跃度增高
规划好发帖时间	抓住微博高峰时间发帖，提高阅读量和转发量
善用关注	在你微博推广前期，关注能够让你迅速聚集粉丝
活动	定期举办活动，活动能带来快速的粉丝增长，并且增加粉丝忠诚度以及建立与竞争对手的区隔
互动	创造有意义的体验和互动

微博营销固然效果惊人，但是更需要合作借势，进而在创意、文案上下功夫，直击目标用户痛点，这样才能增加扩散范围，提高二次传播的可能性。

时代发展是日新月异的，微博生态也在不断改变。毫无疑问，新媒体运营人必须不断改革和更新营销思路。

‖ 移动直播，重构内容与营销

短视频和移动直播可以说是当前的热媒体平台，从早期的 YY，到后来的虎牙、斗鱼，再到现在的花椒、映客、NOW 直播，直播平台在资本推动下迎来了全面爆发，但是真正让直播大热的还是移动直播概念的兴起。

移动直播使得直播门槛迅速降低，用户只需一部手机就几乎可以完成直播的全部过程。而在资本的助推下，仿佛一夜之间，移动直播平台便“百花齐放”。据不完全统计，目前已知的 116 个直播 App 当中有 108 个获得融资。在 2014 年，知名直播平台融资约 7.9 亿元左右，而在 2015 年增长到了 23.7 亿元，增长率在 300% 左右。截至 2016 年 5 月 31 日，国内网络直播平台高达 250 家，用户数量已超过 2.4 亿人。

可以说直播作为新兴的社交方式引发了新的媒介革命，直播不仅催生了“网红经济”等新的互联网商业模式，成为聚合流量和吸引注意力的新入口，对于很多互联网平台而言，直播更是对传统新闻内容生产模式的一场革命，而对于品牌而言，直播则带来了品牌与消费者更近距离和更实时的沟通机会。与传统营销方式相比，视频直播比图片文字更丰富，甚至可以将商品的使用效果和直观感受进行真实、立体的呈现，真正实现“边看边买”。

延伸阅读

移动直播将会如何重构内容营销？
来源：搜狐

在移动直播方面，新浪微博可谓是走在了前沿。2013 年，新浪投资了一下科技，与一下科技深入合作，而一下科技拥有秒拍、小咖秀、一直播三款直播明星产品，可以说，秒拍、小咖秀、一直播的成长与新浪微博的扶持关系密切。一位业内人士指出，一下科技背后就是微博关系链。同样，新浪微博用户的持续增长也离不开这些直播平台的推动。正如新浪董事长兼 CEO 曹国伟所说："微博的用户持续增长，这主要得益于我们有效构建渠道进行用户普及和渗透，以及我们借助微博平台上短视频和实时内容消费进行用户体验最优化。"新浪微博 CEO 王高飞也说："用户增长依旧强劲，尤其是移动端、短视频和直播视频正在兴起。"

有公开数据显示，中国人每天看到的短视频中有 95% 以上的带有秒拍角标，每一分钟短视频播放量达 150 万次。截至目前，秒拍与小咖秀的日播放量峰值已突破 25 亿次，日均上传量突破 150 万条，日均覆盖用户超过 7 000 万。而一直播上线不到一年，即成为中国最主流的直播平台，全网日均覆盖用户数超过千万，为全行业覆盖人数最高。

纵观视频发展，国内的视频直播行业大致分为四个发展阶段：PC 秀场直播阶段、游戏直播阶段、移动泛娱乐直播阶段、VR 直播阶段，目前市场正处于移动泛娱乐直播最火热的阶段。

视频移动直播前景看好，但目前整体陷于秀场模式和业务同质化，有待于差异化竞争。由于直播本身的实时性，品牌与用户之间的距离几乎为零，因此，企业需要去思考如何创建富有吸引力的营销内容与互动方式。所以，优质内容的直播才能带来巨大的价值。同时内容差异化才是移动直播竞争的关键。

花椒的全民直播破产就充分体现了这一点，依靠纯粹的UGC模式在视频移动直播内容生产上是行不通的。因此，一些直播企业开始尝试新的途径，例如光圈直播就采取了自制生产内容和合作引入两种方法；映客也与知名自媒体《翎芳魔境》签订了合约，将与其合作打造国内首档手机直播美食生活类节目。

而真正决定未来竞争的关键，是视频移动直播应用如何去满足用户需求、为用户创造价值。移动直播在未来的比拼中，如果后续内容输出不能填补用户的需求，一旦用户流失将会大大增加单个用户的引流成本，最终难免陷入反复“烧钱”的轮回。从这个角度看，只有不断提供优质内容，才能让自己真正站在风口之上。

‖ 微课营销，小课程大妙用

微课营销就是借助于微课程的营销。微课程主要用于线上学习，除了微课程内容本身的价值外，线上微课完全可以作为一种营销推广工具，助力讲师、企业家、营销人员、推广人员、新媒体运营人员、个人品牌、产品服务乃至企业品牌的宣传和推广。

移动互联网时代，人们的时间不断碎片化。可以说移动互联网在哪里，讯息、链接就在哪里。碎片化学习场景下，人们的学习行为也随着发生了质的变化。但是我们的学习内容、学习速度和学习需求却是不断增长的，所以，人们开始将大篇幅的课程切割成小微课程，微课就这样产生了。

微课从狭义上看就是小的课程，从企业微课来看，则是依托于线上互联网及软硬件技术，通过线上一些音视频工具制作的可以快速学习的课程形式。较之传统的课程，微课能够使用户更加便捷、快速地学习，而且学习具有重复性。微课的本质是支持互联网时代的翻转学习、混合学习、移动学习、碎片化学习等多种新型个性化学习方式。表现形式可能是声音、画面、视频、直播、图文、动漫等。

- 音频直播微课：通过各种直播平台如喜马拉雅、荔枝 FM、蜻蜓 FM、千聊等平台直播音频课程
- 视频直播微课：通过各种移动直播平台，例如秒拍、花椒、斗鱼、YY 等平台直播视频课程
- 视频录制微课：利用视频录制工具及编辑技术录制课程
- H5 微课：基于 H5 技术制作的微课程，酷炫感强、具有很强的宣传效果
- 图文微课：将内容以图文、漫画等方式呈现出来

微课虽小，却有大妙用。我们先看一个案例。

新媒体运营大 V 醉鹅娘（本名王胜寒）是一位海归留学生，专门学习西餐、红酒等餐饮文化。她的新浪微博 ID 醉鹅娘被人们所熟知。在这个拥有 67 万粉丝关注的 ID 上，她利用短视频、直播、图文信息等形式讲解与红酒相关的知识内容，通过电商平台售卖红酒及周边产品。她还在企鹅团首个付费音频节目“醉鹅娘葡萄酒词典”中讲解红酒知识。可以说，她采用的营销方式就是微课营销，粉丝在学习的同时，了解她的产品，进而购买产品。

醉鹅娘利用微课程链接背后的产品和服务，也就是先打造个人品牌，进而推广背后的企业品牌，顺带进行引流、推广产品和服务，所以说这是一种颠覆性的营销方式。

延伸阅读

醉鹅娘新浪微博
代表栏目：《醉鹅红酒日常》

我们前面提到的“中国人居专家50人论坛”创办人冯国亮先生的微博《冯国亮讲购房》，微博内容就是给用户讲解各种购房知识，这也是微课的一种呈现形式。细究起来，一些微信公众号的原创文章也可以算作微课营销范畴。例如，公众号深夜发媸中名为“最强测评”系列文章是由深夜发媸团队的工作人员每期试用一款护肤或美妆类产品，然后将该产品的特色整理而成的。例如，《测评 | 芙丽芳丝是最不伤肤的洁面吗？》这篇文章从产品的外观、适用肤质、味道、质地、使用感受等角度讲了芙丽芳丝洗面奶，文末还科普了市面上所看到的不同的洁面类型以及不同洁面的优缺点。同样的《测评 | 曼丹眼唇卸能秒卸眼唇妆吗？》这篇文章也是从以上的角度分析了曼丹的眼唇卸妆液，文末还顺带科普了卸妆油、卸妆膏和卸妆水的区别。用户看到文章后不仅能够学到一些干货知识，还能了解这款产品，以供自己在日常选购产品时使用，可谓是一举双得。

第六章 新媒体时代超级自品牌的塑造

在移动互联网飞速发展、人人都玩自媒体的时代，社交媒体像放大镜一般将个人价值、魅力和影响力发挥到极致。“人人都要开始经营个人品牌”的说辞已然成真，塑造自品牌已经迫在眉睫。

个人品牌背后的力量

什么是个人品牌呢？百科对个人品牌的定义是：

- 个人拥有的外在形象和内在涵养所传递的独特、鲜明、确定、易被感知的信息集合体

你的外貌、穿着打扮、行为举止、拥有的故事等，就是别人对你的感知、对你的印象。

- 能够展现足以引起群体消费认知或消费模式改变的力量

你的观点、思想被认可，群体就会为你消费。

- 具有独特性、相关性、一致性的特征

没有人能够去创造一个新行业，所以必然与某个行业相关，因此你的名字和行业要有一定的相关性，比如罗辑思维。人们的认知深浅在于印象的深浅，只有找准自己的定位，不断地重复，才能加深别人的认知。

说起个人品牌，很多人认为这跟我没有关系，那是明星应该关注的，我是普通人，品牌离我很远。事实果真如此吗？当然不是，在打造个人品牌的过程中，往往存在两个误区：

- 误区一：跟自己没有关系，那是名人的事

我就是一草根，我就是一咸鱼，没办法翻身。实际上，用新媒体打造个人

品牌，并不是让咸鱼翻身，而是提升咸鱼的价值，是让普通餐桌上的咸鱼变成五星级酒店的咸鱼。

名人有自己的公众影响力，就是名气，但是这个并不完全是自品牌。名人并不等同于自品牌。当今时代是一个英雄不问出处的时代，在移动互联网环境下，机会多多、资源多多。任何人都有自己的角色定位，都有自己的影响范围，只要你想，你就可能成为自品牌。

- 误区二：一口吃成大胖子

打造个人品牌是一个相对漫长的积累过程，而非一夜爆红。不要抱着急功近利的心态去做，幻想着天上能掉个大馅饼。打造一个品牌不是一朝一夕的事，只是互联网时代大大加快了打造品牌的速度。

有这样一个对话。

两个朋友在聊天。

A：你是学什么专业的？

C：播音主持。

A：（A 觉得很酷、很棒）您哪个学校的？

C：×× 体育学院。

A 听完以后晕倒在路上。

这个笑话反映出的是品牌的作用。2017 年上半年著名 IT 公司乐视资金链断引发供应商和员工讨薪事件后，各大招聘网站爆出乐视员工最新简历都在尽量规避曾在乐视的工作经历。很多乐视员工的建设银行信用卡额度也因此事被调成 1 元。这就是品牌对于个人的加分项和减分项的影响力，也体现了品牌和品牌之间的关联性问题。

在职场上也有同样的现象。为什么从国外镀金回来的人薪资更高？为什么具有名企工作经历的人更容易得到高薪？这里也有品牌的概念，这是一种无形资本。

李叫兽原名李靖。2014年，他开始运营个人品牌“李叫兽”，发表多篇有商业价值的文章，如《你为什么会写自嗨型文案，X型与Y型文案的区别》《做市场的人，不一定知道什么才是“市场”》《为什么你有十年经验，但成不了专家》等。

但是，你知道吗？李叫兽是大学毕业后直接创业的。他的事业几乎可以说没有任何成本，就是从在公众号发表有价值的营销文章开始的。

2015年7月，李叫兽成立公司北京受教信息科技有限公司，开启收费培训，一个月盈利240万元。

2016年12月，他的公司被百度以一个亿的价格收购，并且他成为百度最年轻的副总裁！

这就是自品牌的价值，在移动互联网时代，自品牌价值千万。

品牌的故事无时无刻不发生在我们身边，每时每刻都在上演。个人品牌背后展现的是什么样的力量呢？个人品牌背后的力量有以下几点：

- 提升影响力、号召力

在行业内、圈内影响力提升，号召力也会随之提高。例如一些网红名人、马云、刘强东、锤子老罗等，他们的号召力随着个人品牌的提升而提升。

- 抬高身价，收入升高

例如，罗辑思维的罗胖，通过打造自品牌成为知识付费服务商的领头羊，他的App估值70亿元。草根明星朱之文，依靠星光大道走红后，他的身价倍增，从刚开始的商场演出一场只有5 000元的进账，到后来达到六位数！

- 成为行业、圈内领袖

成为行业的头部力量，就拥有了更大的话语权。发出的声音成为行业的指导思想或者风向标。

- 资源整合能力更强

当你拥有个人品牌，就等于拥有了更好的信用，资源、机会将主动找上门来。因为拥有品牌影响力，就拥有了谈判的资本。

- 变现能力更强

通过演讲、音视频等让自己的知识和观点影响到更多的人，从而获得应有的变现能力。

- 成为形象代言人

成为自己的产品或企业的代言人。

总之，在自媒体、新媒体、移动互联网高速发展的今天，借用微信公众号的口号："再小的个体，也有自己的品牌。"任何人只要有意识地开发自己的个人品牌，就能打造自品牌。

名人 OR 个人，自品牌的升级

美国著名艺术家安迪·沃霍尔曾说过这样一句话："在未来，每个人都能成名 15 分钟！"现在，这句话已经成为现实。

互联网催生了网红经济。其中有一位名叫王津的修表师傅，是《我在故宫修文物》的主角之一，是国家级非物质文化遗产古代钟表修复技艺的第三代传承人，进入故宫工作已经 39 年了。每天早八晚五地工作，在办公室一坐就是一天，几十年如一日，和蒙尘多年的文物打交道。

这位故宫博物院文保科技部钟表室的修复师，走在街上时不时会被人认出

“求合影”，接待了一波又一波采访的媒体。人们称他为“故宫男神”。

看，这是一个英雄不问出处的时代，即使你只是一个草根，只要你有想法，你就有机会成就自己的自品牌。

事实上，从古至今，人们从未放弃过对自品牌的塑造。可以说，自品牌经历了四个阶段：神人、大家、名人、个人。

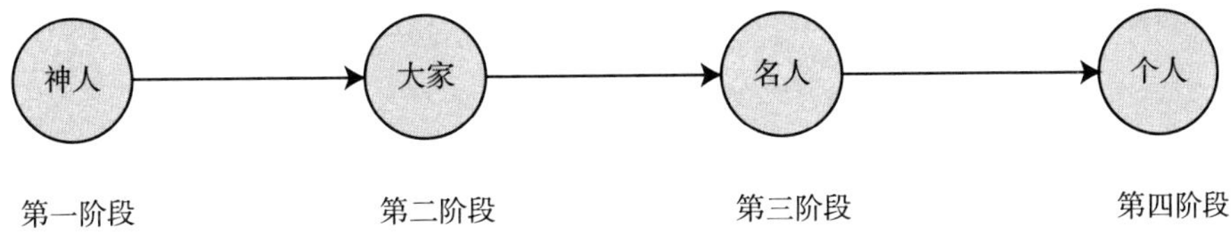

- 第一阶段：神人

从盘古开天辟地到女娲补天、后羿射日，再到尧舜禹等等，他们是自品牌，因为他们的故事和事迹一直在口口相传。所以，自品牌的第一阶段就是神人。无论他们是神还是人，或者是虚拟人物都不重要。

- 第二阶段：大家

说到大家你会想到谁？孔子。是的，第二阶段的自品牌是靠思想来传播的。从孔子、老子、孟子、庄子到王阳明、梁启超，从屈原、范蠡到岳飞、文天祥，从李白、杜甫到苏轼、韩愈……这些知名人物都具备自品牌的特性。他们都有自己的一套理论，都在传播自己思想。

- 第三阶段：名人

名人即我们常说的明星。明星实际是商业化运作的产物。通过各种传统媒体，例如纸媒、广播、电视、以及网络媒体打造出来的。

- 第四阶段：个人

第四阶段回到了个人。为什么？移动互联网让品牌重新回到个人的时代。回想一下，我们一直提到的咪蒙、罗胖、同道大叔、李叫兽等，这些人实际上都是个体的崛起。

移动互联网时代，品牌传播的途径与过去有很大的差异。过去主要依靠传统传播途径，如电视、广播、报纸、杂志和书籍，这些途径门槛高，有很多限制。现在则是只要有网络的地方，就可以随时随地地进行内容的传播、视频的传播、音频的传播，而且传播的速度、效率和广度都是以前无可比拟的。这是当下我们最大的优势。也就是说每个人都是一个内容的输出者，每个人都可以当作一个传播的平台，每个人都可以是自己的主角。自品牌的打造主要依赖自媒体或者说新媒体来传播推广，这和传统媒体是有区别的。

过去人们关注物质的有和无、多和少，现在则发生了翻天覆地的变化，人们开始更加关注品牌效应。因为品牌不仅可以给我们带来物质上的满足，还带来了心灵和意识上的满足。

延伸阅读

《2017年个人品牌、自品牌 百科全解》
文章来源：搜狐
孔斌国际自品牌书联盟

自品牌需要拥有较强的个人品牌，有强大的自媒体平台，有完善的自品牌运营体系，这样才能打造出比较强势的自品牌。一句话概括：当一个人拥有比较强的个人品牌，加上一个强大的自媒体平台，就会形成一个强势的自品牌！

‖ 体系制胜，自品牌的架构模型

当今时代，自品牌的重要性已经不言而喻。那么，到底如何系统地打造自品牌，让自己迅速增值呢？这就涉及了自品牌的维度和架构模型。

➢ 自品牌的三个维度

在我们以往的认知中，品牌有知名度、美誉度和忠诚度三个维度，这是老三度。而在当今自媒体风行的时代，自品牌表现出了自己的三个维度：认知度、认可度和黏合度。

- 认知度

  认识自己，知道自己，然后让别人认识你，知道你。

- 认可度

  别人能够认同你，即认同你这个人、认同你的人品、认同你提出的服务、认同你提出的价值、认同你提出的观点。

- 黏合度

  别人愿意跟你走在一起并一同走下去。

这是我们在打造自品牌过程中必须首先考虑的三个度，品牌打造过程中所有事情都应该围绕这三个维度进行。

➢ 自品牌架构模型

根据自品牌的三大维度，提出打造自品牌的架构模型。

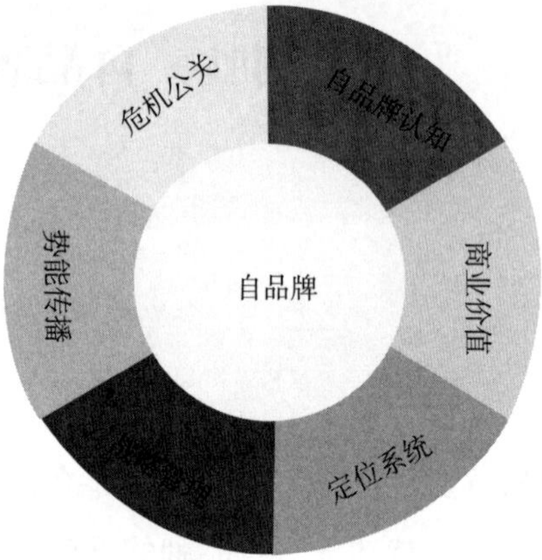

- 自品牌认知

对自品牌有正确的认知，了解什么是自品牌，以及自品牌的发展升级过程等。(参考第六章《个人品牌背后的力量》《名人 OR 个人，自品牌的升级》)

- 商业价值

明白自品牌能够带来的真正价值。包括对内价值、对外价值以及商业价值。(参考第一章《品牌打造是自媒体的重要关注点》)

- 定位系统

为自品牌定位，给自己贴标签，包括自我职业界定、自我群体界定、自我未来发展界定等。

- 战略管理

经营自品牌就是要把自己当作产品来经营。要有战略思维、全局眼光，从长远考虑。

- 势能传播

利用新媒体等工具进行传播，尽可能缩短自品牌的形成周期。

- 危机公关

要有危机公关的意识和危机公关处理的能力。

‖ 定位，自品牌要谋定而后动

按照打造自品牌的架构模型，做好定位是最关键的一步。俗话说："谋定而后动"，任何事情都应先有定，才可以动。

➢ 自品牌的定位系统——贴标签

给自品牌定位实际上就是给自己贴标签，例如领域标签（属于哪个领域）、职业标签（在职业领域中，想达到什么样的高度，或者以何种形象展现）、公益标签（公益性事业）等。贴标签也要学会跨界做一个斜杠青年，就是给自己贴多个标签。要注意每个标签都要一一去完善。

那么，我们如何给自己贴标签呢？可以通过四个导向，即需求、目标群体、自身专长和身份标签。

- 导向一：需求

满足目标人群的需求。自己能帮助他们解决什么问题？按照马斯洛需求层次理论，人的需求有五个层级：生理、安全、社交、被人尊重、自我实现。用户的需求无非就这几种。例如马佳佳（情趣用品）、黄太吉（餐饮）满足的就是用户的生理需求，樊登（读书会）解决的是社交需求。

- 导向二：目标群体

我们要清楚面对什么样的目标群体，了解他们的年龄阶层、职业阶层（白领、金领、蓝领）、职业（企业家、创业者、职场人）、从事领域（财务、营销、人事）、兴趣爱好（美妆、减肥健身、职场）等。

- 导向三：自身专长

自己的专长是什么？从自身出发，做自己擅长的领域。例如冯国亮老师定位为购房专家，讲购房和人居；张嘉佳定位为微博上最会写故事的人；罗振宇定位为做中国最好的知识服务商；陈立飞定位为最会写职场的金融大叔。

- 导向四：身份标签

给自己的身份贴一层标签，例如工程师、程序员、创业者、企业家。

以上是我们进行自品牌定位时的四大导向，需求和目标群体是对外，从用户找定位；自身专长和身份标签是对内，从自身找定位。

定位系统还包括三个阶段，即找位、占位和升位。

三个阶段	说　明
找位	在自己已经定位的领域中寻找同类人，分析他们的产品、系统，找出自己的切入点，找到合适的位置
占位	找到位置后，设法从这个位置中分出一个小的领域，占据这个位置，卡住这个位置
升位	品牌运营一段时间后，进行产品迭代，包括思想迭代、价值迭代等

现在我们找到了定位，也经历了定位的三个阶段。那么，如何真正落实我们的品牌定位呢？三个策略：一是模仿，找学习标杆，学习他们的经验，甚至可以复制他们的一些套路；二是升级，在产品同质化的今天，你必须有所创

新，对同类产品进行升级，不能完全模仿照搬别人的；三是原创，这是完全创新，相对来讲比较困难，需要我们花费较大的精力进行摸索实践。

➢ 自品牌定位系统——来个形象

为自己打造一个品牌形象。根据第一印象原则，我们必须在形象上打动对方。例如在一场商务大会上，所有嘉宾的服装可以分为三类：第一类西装革履，表现的形象是工整严肃专业，这类人大多是政界人物；第二类休闲装，这类人基本上是企业家、创业家。第三类T恤衫、牛仔裤、运动鞋，这类人多是创业者。这是形象的展现，用户可以通过你的外在形象判断你处于哪个行业、哪个领域或者阶层。要记住现在毕竟是一个看“颜值”的时代。

一个人的外在形象，包括专业发型、健康体型、服装、配饰、姿态以及一些周边物品，例如手机、车等都要匹配你的职业身份。

除了外在形象，还要打造内在形象，包括你的思想体系、对某些事的态度、智慧、经验等。其中，价值取向和精神层面的认同是最高级的。你的三观（世界观、价值观、人生观）、你所宣传的价值一定要符合社会主流。

➢ 定位系统——讲个故事

为什么将讲个故事单独列出呢？故事是打造自品牌的一个核心点。因为故事是有传播感和带入感的，好的故事、感人的故事一定能够打动别人、让别人记住你。

- 褚时健 @ 褚橙
- 从打造红塔集团到被判无期徒刑
- 74 岁携妻种橙，让世上多了一种叫“褚橙”的水果

➢ 定位系统——来个人格

在未来的商业社会，所有公司都将是产品媒体化、品牌人格化的。这里的人格对于我们来讲就是自己，就是做自品牌的人格化，形成内容、用户、场景、价值观一体化的人格化体系。自品牌人格化有四个要素：带入、仪式、参与、温度。

人格化要素	说　明
带入	以内容价值为基础，赋予属性和情感因素
仪式	设计展现场景，增加联想
参与	内容共享共产，社群化建设和运营
温度	打造以人为核心的链接，产生情感和价值共鸣

在这四个要素的基础上，自品牌人格化的打造还有四个阶段：

- 创造内容

通过内容吸引一批核心用户，通过内容来把用户连接起来。

- 用户运营

具备社群运营的能力，通过社群运营规则、互动机制形成具有黏性的社群。

- 意见领袖

通过你的专业能力或者运营方法，在用户这个特定领域里成为一个意见领袖。

- 自建流量

实现变现，或者实现跨平台分发。

总之，自品牌的人格魅力决定了你的宽度。你的人格魅力有多高，你的运营能力就有多大。链接决定用户黏性，有黏性，品牌才能持续运营。

延伸阅读

《只有我知道的“褚橙”的秘密》
文章来源：搜狐

战略管理，自品牌就是经营人

在自品牌打造中，人是核心。人就是产品，经营人也就是经营企业。因为我们打造自品牌的最终目的，一是实现自我价值，二是实现商业变现。而要实现这个目的，战略管理必不可少。自品牌的战略管理就是从长远角度、全局角度来考虑怎样打造自品牌。

➢ 打造知识管理体系

一个自品牌的打造，最基本的要素就是知识管理体系。你的知识、思想、理论、观点、经验，你提供的专业价值，你的人脉关系等都基于知识管理范畴。我们可以从以下几个方面思考并建构自己的知识管理体系：

- 为什么要去学习

学习的目的就是解决自身的短板，或是解决在自品牌打造过程中遇到的一些问题。

- 学习的知识

即学习知识架构。比如，学习自品牌打造知识，我们需要学习的知识结构是：个人目标管理、时间管理、用户心理学、新媒体等。

- 整理知识

要不断将所学到的知识整理出来，并变成自己的知识。

- 懂得分享

只有将你懂得的知识、你的理论体系分享出去，才能吸引并获得更多的粉丝。

- 使用知识

学以致用，运用学习到的知识并能够再创造新的知识。

那么，我们如何划分用户、区分核心用户群体呢？靠人脉。

➢ 有效的人脉渠道

按照我们的目标导向，可以将个人人脉划分为四个层面：

- 草根关系

草根关系是指关系比较亲密的，诸如亲朋好友之间的关系。

- 边缘关系

边缘关系是指那些认识但不是很熟悉的人，比如说社群的群员关系、驴友等。

- 战略关系

战略关系的这些人可以是你的导师，在遇到问题的时候你可以寻求他们的帮助。也可以是你的支持者、盟友等。

- 核心关系

核心关系主要是指内外部的业务联系人，是实现变现的关键。

在自品牌战略管理中，最终要考虑的问题就是商业变现。

➢ 商业变现

我们打造自品牌最终目标无非就是变现。就目前来讲，自品牌的变现主要有四种形式：打赏（靠在各种传播平台的打赏，如搬砖小哥）、电商（卖产品，如罗胖）、广告（拍广告、做代言人）、方案（为用户提供整体解决方案）。

未来可能还有很多其他变现方式。如今自品牌正在走向社群化、平台化、内容共享共产化、电商化。自品牌以自我为中心，商业以用户为中心，进行自品牌战略管理时，应围绕这两个中心进行设计，做加减法。

推荐阅读

《自品牌：个人如何玩转移动互联网时代》

作者：陈为，孙郁婷

势能传播，自品牌的塑造关键

常言说“酒香不怕巷子深”，但在今天这句话已经不再适用。自品牌只有传播出去才有价值。当我们认识了什么是自品牌，认识了自品牌的定位系统以及战略管理，接下来要做的就是把品牌曝光出去、传播出去，这就是自品牌的势能传播。势能传播应考虑三个维度，即流量思维、时间思维和粉丝思维。

- 流量思维

移动互联网和互联网的核心是以流量为主，无流量就一无所有。自品牌运营也一样，用户流量越大，越容易出现一些商机，从而找到可以变现的点。

- 时间思维

抓住用户的时间。对于用户来说，在用户手机中留存时间最长的应用、每天使用频率最高的应用，肯定是价值最大的应用。

- 粉丝思维

将用户变成粉丝并且留存下来。

那么，势能传播具体怎么做呢？

➢ 建立势能传播渠道

目前，自品牌的传播途径很多，利用各种自媒体平台进行传播，譬如Facebook、微博、微信、QQ、论坛、头条、知乎、简书、直播等。

选择渠道平台的要点是多平台发布，即同样的事件，从不同的视角，不同的平台面对不同的人群。因为不同的平台对应着不同的人群，不同的人群就需要从不同的视角进行传播和切入，每个人群对于内容的追求是不同的。多平台发布的目的在于追求更加宽广的散播面、传播面。时间久了，就可能在某个平台上引起反响，掀起个人品牌的爆发点，此时，其他的平台紧接着会爆发，这是一个连锁反应。比如罗振宇每周四的视频和每天的60秒形成个人品牌价值，在优酷、微信公众号、喜马拉雅等几大平台传播。这些平台放大了他的品牌，所以他推荐的书和商品都卖得很好。

下面是势能传播渠道建议表，供大家参考：

势能传播配置	传播平台
标　配	微信公众号、微博、视频（直播、点播） 新平台类——搜狐号、凤凰号、百家号、企鹅号、知乎、简书、今日头条等
豪华版	标配+音频+视频 音频平台如喜马拉雅、荔枝、千聊 视频平台如爱奇艺、腾讯视频、YY直播平台、优酷、哔哩哔哩等
至尊版	豪华版配置+社群 线上线下社群增加用户黏性

➢ 势能传播之内容与渠道

品牌的打造离不开内容的输出，有价值、可传播、有差异的内容尤为重要。首先传播的内容一定是正向的、积极阳光的。同时，传播内容要具备时代特点，有自己独特的观点、视角。此外，要学会站在巨人的肩膀上，多结交高价值的朋友，不断为自己背书。

那么，新媒体时代如何塑造个人品牌的传播素材呢？一个重要技巧就是寻求新闻热点，以此借势。寻求新闻热点时，可以从以下几个方面寻找：

- 公益性事件

通过公益性事件和公益活动做一个正能量传播者，慢慢塑造自己的品牌。

- 正能量的新闻热点

杜绝制作、输出和传播一些负面信息。抓取正能量的、阳光的热点新闻，将这些活动或者事件进行融合，达到传播效果，例如写“抗癌日记”的女孩周琳的故事。

2015年6月，微商云在指尖微商涉嫌传销，大肆宣传刷爆朋友圈。就此事件，李明杰老师抓到了这个热点，给自己带来很大的曝光量。

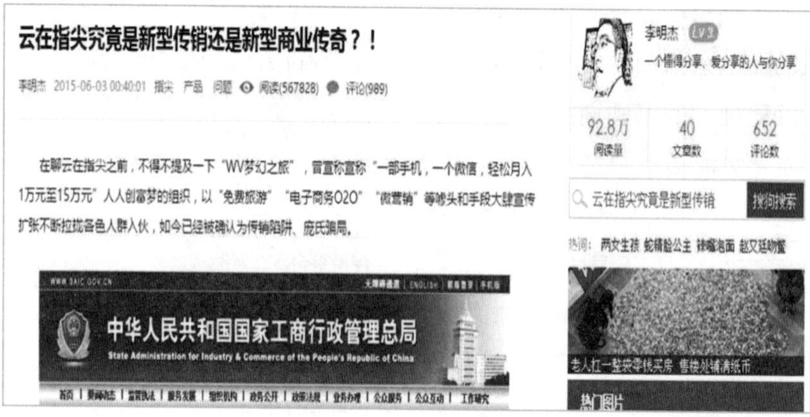

延伸阅读

《云在指尖究竟是新型传销还是新型商业传奇？！》
文章来源：李明杰 公众号

- 创意事件

所谓创意事件是指就自己周边或者所在行业发生的真实事件，经过不同角度或层面，或者不同群体进行追溯和关注，对其进行持续性支持和帮助，进而改变一些现状的事件。例如，雾霾、水污染、环境污染、孤寡老人、留守儿童、失孤家庭等社会现象，都可以进行嫁接，从而提升自品牌的传播量和传播效果。

所有的事情最后都是要靠一篇文章好的内容传播出去的，那么，好内容长啥样？

- 标题诱人

诱导用户必须要点进去看看。

- 选材符合

符合平台定位，符合用户的习惯，保持新奇的价值。

- 情绪埋设

给用户一个认同并转发的理由。比如用户觉得这篇文章写得不错，可以读下去；这样的文章必须点赞、转发。

- 互动设置

让用户参与点赞、评论和回复，逐步培养用户习惯。

- 转化自然

将粉丝转化成用户，并让用户购买产品。

总之，好的内容、快的传播都是策划出来的，内容运营是势能传播的核心。好的内容自带势能，好的内容自然转化。

‖ 自品牌要如何维护

品牌是需要不断维护的，没有持续维护的品牌，就如昙花一现，没有任何意义。品牌维护包括内容升级、渠道升级、危机公关三大维度。

➢ 内容升级

传播的内容必须要不断升级更新，以符合当下要求和符合未来趋势，跟得上社会发展节奏。进行内容升级时要注意，内容要具备当下的时代特点和词语特性，要注意网络语言的使用和电视流行语的使用，等等。像“香菇、蓝瘦”就是当下时代的特性词语。美妆达人必须真的会化妆，画得不好受众也不会买账；如果张大奕的服装不好，不符合时下年轻人的着装品位，她也不会红。所以做出的东西必须要真的好，并不断升级。

➢ 渠道升级

传统的渠道包括电视、书籍、杂志等，现在更多的是新媒体，包括大 V、大咖、微信公众号、直播平台、VR 等。这就是渠道的不断升级。例如，一些自媒体人开始自制电视剧，在自制剧中植入广告，这就是一个现代新形式的渠道传播途径。

➢ 危机公关

有这样一句话："最值钱的往往不是钱本身，而是可以被信任的人品。"钱本身是可以衡量的，但人品是无价的。所以，当我们在进行危机公关时，一定要考虑到信任成本。还有一句话是："自品牌的塌陷要比自品牌的建设更容易，你可能就在一个瞬间口倒了。"这样的例子并不在少数，很多所谓的大师使用的虚假手段被曝光后，品牌瞬间塌陷。所以，当我们启动自品牌以后，必须遵循互联网规则，要言行一致，遵守道德规范，也就是要具有本书第一章所提倡的企业家精神。

品牌维护过程中，还要注意自品牌和其他产品或品牌的关联度问题。我们的很多输出是一次性的，并不具有持续性。由于缺乏有效的输出来源，品牌影响力就会下降。因此，在维护品牌的过程中要考虑个人品牌的复制性。比如，做衍生品还是做子品牌，要学会换频道，换到另一个可以利用现有优势的频道，重新获得成功，重新塑造你的个人品牌的方向。

下面为大家提供几个维护个人品牌的实用建议：

- 建立一个"反馈圈"

与朋友、同事、忠实粉丝建立一个"反馈圈"，让他们告诉你，你的个人品牌和营销在现实生活中运作得怎么样。你可以通过他们确定你是否实践了自己的承诺，是否可以做得更好，等等。

- 坚持持续性运营

坚持持续性的运营，例如，老罗每天早上 60 秒的语音基本从来没有断过，一些大 V 的文章几乎是一天或者一周等频率不断更新，只有作品足够好，并且一直养着，才有可能带来粉丝流量。

- 塑造专家形象

首先穿着得体并选择适合身份的东西。比如，你想把自己包装成百万富翁的财务规划师，那么就要投资购买 PRADA 手工缝制的西装。如果你定位自己为喜欢海滩运动的时尚摄影师，那么驾驶一辆古老的 Woody 将帮你树立自己的形象。

其次，要训练自己时刻像个人品牌专家那样思考问题。要不断地检查、修改、规划未来的营销以及品牌战略和活动。多结交一些专业人士，利用别人的经验，吸取他们的教训。要不断学习，毕竟学无止境。

- 保持“在线”

“在线”和及时响应是移动互联网时代成为超级个体必须做到的基本点。“在线”是一个拥有个人品牌信仰的人对他人最基本的承诺。

总之，维护个人品牌，一定要有自己独特的优势，呈现方式要多种多样，可以是作品，可以是头衔，可以是你的性格特征，也可以是你的某项技能。总之，要让你的粉丝愿意关注你，然后再持续地关注你。

思 考

在过去的一年中，你在个人品牌打造、营销中所经历的最大的成功是什么？经历的最大的失败是什么？如何改善？

自品牌就要这样做

无论你有意识还是无意识，自品牌的塑造已经迫在眉睫。前面我们已经学习了打造自品牌的一些方法和技巧，那么，不同阶层、不同的个体到底要如何打造自品牌呢？下面我们从企业家、创业者和职场人士三个群体，分别介绍自品牌打造的具体方法。

➢ 企业家自品牌打造

如果你是企业家，要打造自品牌，可从以下几方面入手：

- 确定战略目标

企业家自品牌是与企业品牌、产品品牌融为一体的，是相辅相成的，代表着企业形象。因此，企业家自品牌一定要与产品品牌、企业品牌绑定起来。

- 为自品牌定位

宣贯什么理念，例如管理理念、文化理念、企业理念、市场经营理念等。

- 个性化形象

设计打造符合行业特征及个人特质的个人形象。

- 建立关系网络

建立线下到线上的关系网。按照人脉圈的四个层面（草根关系、边缘关系、战略关系、核心关系）建立人脉圈。

- 保持你的声音

移动互联网信息泛滥，一条信息很容易就会被更新的信息淹没。因此，必须在自媒体账号上持续发声，保持内容的更新频率。

- 挑战更有影响力的人

挑战比我们影响力高的品牌，如罗胖罗永浩因为怒砸西门子冰箱而致品牌身价暴涨。

- 抓住每次事件营销的机会

当出现与行业或者领域有关的热点事件时，要抓住机会发出声音。

➢ 创业者自品牌打造

如果你是一个创业者，可以按照如下步骤进行：

- 确定细分领域
- 重写所有社交资料，尽量统一化
- 发表观点

对于创业者来讲，你所有的发声都是为你个人、为企业发声的，它会带来很多附加值。

- 培养公开演讲能力

多参加一些线下论坛、会议等，优秀的演讲能力、展现能力能够为你加分。

- 重组人脉

将所有人脉资源重新聚拢，然后重新匹配。

- 持续学习

持续地学习能够保持你的新鲜度。不管是企业家、创业者，还是职场人，都要保持学习，以保持自品牌的新鲜。

➢ 职场人自品牌打造

职场人也要打造自品牌，如何打造呢？

- 高质量完成工作

明确哪些工作能做，哪些必须做，哪些可以形成标准，复制后让别人去做。

- 重视你身边每次展示机会

在你的老板、上司、同事、下属、客户等面前，抓住一切机会去展示自己。

- 打造未来的知识体系

对自己进行职业生涯规划，按照职业生涯规划储备知识，打造未来需要的知识体系，培养未来必须具备的能力素质。

- 开始在新媒体发出声音

在新媒体平台发出你的声音。要根据自身特长和兴趣爱好选择合适的平台。例如文章写得好可以选择简书，专业性知识强可以选择知乎。

- 划分有效的社交圈层

把自己身边所有的社交圈按照感情圈、感情加利益圈、利益加感情圈进行划分，找出有效的社交人脉圈层。

- 持续学习

保持个人品牌的新鲜度。

未来一定是属于那些拥有强大自品牌的人，在自品牌的道路上要尽早行动、尽快着陆、尽早实现。

推荐阅读

《自品牌：社交媒体时代如何打造个人品牌》

丹·斯柯伯尔著，佘卓桓译

参考资料

[1] 秋叶 . 和秋叶一起学——互联网 + 新媒体营销规划丛书 [M]. 北京：人民邮电出版社，2017.4.

[2] 仇勇 . 新媒体革命：在线时代的媒体、公关与传播 [M]. 北京：电子工业出版社，2015.12.

[3] 朱家安 . 文案觉醒：激活新媒体人内容创作的本能 [M]. 北京：机械工业出版社，2017.2.

[4] 舒扬 . 共鸣：内容运营方法论 [M]. 北京：机械工业出版社，2017.5.

[5] ［美］加里・维纳查克著，张树燕译 . 新媒体营销圣经：引诱，引诱，引诱，出击 [M]. 北京：北京联合出版公司，2016.6.

[6] ［美］斯蒂芬・甘布尔 著，邱墨楠 译 . 视觉内容营销 [M]. 北京：中信出版社，2017.5.

[7] ［日］加藤公一莱奥著，马云雷、杜君林译 . 精准推送：新媒体时代的营销活动守则 [M]. 北京：北京联合出版公司，2018.1.

[8] 金错刀 . 爆品战略：39 个超级爆品案例的故事、逻辑与方法 [M]. 北京：北京联合出版公司，2016.7.

[9] 叶茂中 . 冲突 [M]. 北京：机械工业出版社，2017.8.

[10] 袁国宝，谢利明 . 网红经济 [M]. 北京：企业管理出版社，2016.5.

[11] 马楠 . 尖叫感：互联网文案创意思维与写作技巧 [M]. 北京：北京理工大学出版社，2016.7.

[12] 苏杭 .H5+ 移动营销设计宝典 [M]. 北京：清华大学出版社，2017.6.

[13] 张天一 . 伏牛传：一个社群品牌的内部运营笔记 [M]. 北京：机械工业出版社，2016.5.

[14] 黎万强，周鸿祎 . 参与感：小米口碑营销内部手册 [M]. 北京：中信出版社，2014.8.

[15] 张亮 . 从零开始做运营 [M]. 北京：中信出版社，2016.3.

[16] 王付刚 . 移动互联网新思维 [M]. 北京：清华大学出版社，2016.6.

BMT新媒体运营学院讲师团

BMT新媒体运营学院

高级顾问·张文强

曾任搜狐集团培训负责人

- 博冠财富联合创始人
- 搜狐《职场一言堂》《商界非常道》总策划和主持人
- 搜狐搜狗搜索，全国业务渠道培训负责人
- 北京燕园智游科技有限公司联合创始人
- PPT国际商务应用大赛组委会 副秘书长
- 《名师在线》栏目总策划、主持人

BMT新媒体运营学院

高级讲师·郑宗滨

搜狐《职场一言堂》特聘讲师

- 博冠财富联合创始人
- IPPTA（国际演讲演示能力协会）中国区副秘书长
- 《商界非常道》栏目高级策划
- 搜狐《职场一言堂》特聘讲师
- 燕园财税商学院特聘讲师
- 北京燕园智游科技有限公司联合创始人
- NEWMEDIA新媒体联盟成员、新媒体运营研究员

BMT新媒体运营学院

教练导师·杨连合

淘宝大学千人讲师总教官

- 筑人教育总经理
- 互联网研究院资深研究员
- 曾任新浪、搜狐、阿里等互联网企业培训总监
- 清华、北大等高校EMBA客座讲师
- 网商教育研究院执行院长

BMT新媒体运营学院

教练导师·中源

搜狐网评选的中国十大金牌讲师

- 英国剑桥访问学者
- 教练型学习组织联盟主席
- CCTV-12《心理访谈》特邀嘉宾
- 山东教育卫视《名家论坛》特邀主讲人
- 湖南卫视《零点锋云》特邀嘉宾
- 北京德融达教育机构创办人

BMT新媒体运营学院

高级讲师·石雨彤

BMT新媒体学院联合创始人

- 传媒大学播音主持系毕业
- 北京半壶仙儿茶文化发起人之一
- CFO书院创始人
- 北京三愚文化传媒有限公司联合创始人
- 燕园智游特聘专家讲师
- 《商界非常道》栏目特邀嘉宾

BMT新媒体运营学院

高级讲师·程方光

《商界非常道》栏目特邀嘉宾

- RTC人力资源量化管理分析师
- RTC个人天赋特质管理解读师
- 《BMT（商业媒体脱口秀）》新媒体运营特约讲师
- 和君商学TTT训练营特约讲师
- 北京电视台特约主持人、嘉宾

BMT新媒体运营学院

高级讲师·王跃静

微医集团高级项目经理

- 曾任搜狐集团博客编辑
- 搜狐健康频道编辑
- 新浪市场部地方站全国业务渠道健康运营负责人
- 新浪微博健康垂直领域负责人
- 创业公司DOCTORPLUS运营总监
- 《搜狐职业发展规划ABC》讲师

BMT新媒体运营学院

高级讲师·王瑛

乐视生态营销中心商务拓展专家

- 2006年至今，服务于乐视、搜狐、中央数字电视青年学苑频道等 知名机构
- 十余年新媒体从业经历，擅长互联网商业模式设计及大客户营销

BMT新媒体运营学院讲师团

BMT新媒体运营学院

高级讲师 · 班魁

给道科技有限公司创始人兼CEO

- 中国传媒大学商学院硕士毕业
- 2002年开始在北京从事互联网至今有十五年
- 先后在DONEWS、鞭牛士、艾瑞、赛迪、比特、易观国际、今日头条、百度百家等网络媒体开设专栏
- 曾接受《中国经济时报》、新浪、腾讯等多家媒体采访

BMT新媒体运营学院

高级讲师 · 王昆

新浪微博营销顾问

- 清华大学、北京大学、厦门大学、上海
- 交通大学、中国传媒大学新媒体营销讲师连续三年被搜狐网评为十佳讲师
- 北京高等珠宝研修学院（国检珠宝培训中心）互联网顾问
- 辅导众多企业新媒体营销落地，参与指导多个行业创新变革

BMT新媒体运营学院

高级讲师 · 高秋红

“爱上微课堂”创始人

- 国家注册企业培训师
- 培训课程开发与设计研究者
- 北京正向能量管理咨询有限公司CEO
- 中国企业培训师联合会首席讲师
- 十年企业培训管理及授课经验
- 曾任大北农集团、克拉斯集团等内部讲师

BMT新媒体运营学院

高级讲师 · 罗高见

知行问道企业家私塾 创始人、院长

- 国家人力资源管理师，心理咨询师，
- 北京知行亿合管理咨询有限公司董事长
- 北京城市学院 特聘社会导师
- 中国中小企业人才发展专家组特聘专家
- 燕园智游特聘专家讲师，新媒体高级运营师
- 受聘于多家企业管理顾问

BMT新媒体运营学院

高级讲师 · 李明杰

互联网化转型升级操盘手

- 爱上微课堂合伙人
- 北京正向能量管理咨询公司总经理
- 北职协孝行中华促进会副主任
- 多家管理培训、咨询机构特约培训师

BMT新媒体运营学院

高级 · 李斌

北测云链创始人、中国区块链联盟理事

- 中国双创研究院主任研究员
- 原新晨科技金融贸易软件事业部总经理
- 近20年金融IT行业从业经验，主要负责金融及相关领域产品的研究与分析，涉及领域包括：资金系统、结算系统、现金管理、贸易金融、供应链金融等

BMT新媒体运营学院

高级讲师 · 王付刚

搜狐网络编辑与网络舆情资深专家

- 首都互联网行业自律专员
- 烟台大学研究生兼职导师
- 中国经济报刊协会新媒体委员会副秘书长
- 移动互联网商业文明发起人
- 搜狐网络编辑编委会的主要成员，曾主编《网编修炼》一书，并陆续出版《10招炼就金牌网编》

BMT新媒体运营学院

高级讲师 · 詹泳鸿

搜狐新闻中心资深主编、副总编辑

- 中国网络编辑职业筹办人
- 网络编辑国家标准制定人
- 全国人力资源和社会保障部网络编辑职业鉴定专家
- 曾任联想门户网站FM365，任新闻中心主编
- 曾任门户网站TOM在线，任新闻中心主编
- 任雅昌艺术网总编兼雅昌艺术市场研究中心总监